R0006488376

D1385177

CORRESPONDENCIA COMERCIAL EN ESPAÑOL

JOSEFA GÓMEZ DE ENTERRÍA

CORRESPONDENCIA COMERCIAL EN ESPAÑOL

SOCIEDAD GENERAL ESPAÑOLA DE LIBRERÍA, S. A.

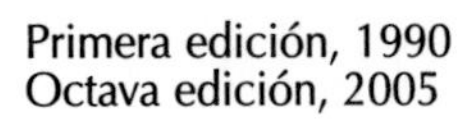

Primera edición, 1990
Octava edición, 2005

Produce: SGEL-Educación
Avda. Valdelaparra, 29 - 28108 ALCOBENDAS (Madrid)

ISBN: 84-7143-838-0
Depósito Legal: M-12832-2005
Printed in Spain - Impreso en España

Maqueta: C. Campos
Fotos: Archivo SGEL

Compone: AMORETTI, S.F., S.L.
Imprime: SITTIC, S.L.

PRESENTACIÓN

CORRESPONDENCIA COMERCIAL EN ESPAÑOL tiene por objeto, básicamente, proporcionar un instrumento de trabajo a los estudiantes de español con un nivel medio y medio-avanzado, así como también a los alumnos de Enseñanzas Medias (Bachillerato y Formación Profesional).

El libro no se ha planteado en ningún momento como manual de consulta, antes bien, es un texto de apoyo que trata de proporcionar una serie de pautas para alcanzar el dominio de la redacción, a partir de un amplio abanico de textos comerciales y profesionales.

Cada una de las cuatro unidades temáticas que componen el texto van acompañadas de numerosos ejercicios de expresión escrita y carácter práctico. Estos ejercicios (basados en su mayoría en textos y documentos auténticos) tienen como objetivo lograr una gran agilidad en la expresión escrita. Con la ***clave de soluciones*** *de los ejercicios, que aparece al final del volumen, el alumno puede realizar la autocorrección de los mismos.*

Por último, destacar la presencia de un ***apéndice*** *de carácter eminentemente práctico, formado por un vocabulario de terminología mercantil, un glosario multilingüe y una relación de las siglas más empleadas en el lenguaje económico y comercial.*

A Eduardo, Alicia y Elena

NOTA:

Los códigos postales que aparecen en las cartas que se presentan como ejemplos, no son los reales, para evitar posibles confusiones.
Los prefijos correspondientes a los códigos postales de las capitales de provincia se encuentran relacionados en el apéndice final del libro.

CONTENIDO

I
Características de la redacción comercial

1 CLARIDAD, PRECISIÓN, AGILIDAD, PERSUASIÓN Y PRUDENCIA

La redacción comercial es aquella que tiene por objeto la comunicación en el mundo de los negocios y de la empresa. Las características que acabamos de enumerar tienen una gran importancia, ya que cuando no se cumplen en el escrito comercial están entorpeciendo la finalidad de éste; es decir, la buena marcha de los negocios.

CLARIDAD

Los textos comerciales deben de ser claros. Hay que evitar la ambigüedad que proporcionan las fórmulas vagas e imprecisas. El texto tiene que estar redactado de tal manera que sólo se pueda interpretar en un sentido, y que su lectura se pueda realizar con facilidad gracias al orden en la exposición del asunto o asuntos de que se trata.

No se deben emplear palabras rebuscadas, así como tampoco se puede abusar de tecnicismos innecesarios, excesivas abreviaturas, siglas, ni palabras extranjeras que tienen su correspondiente en español.

CARTA

COMERCIAL SOLER, S.A.
Alcalá, 189
06002 BADAJOZ

12 de mayo de 1989

Sr. D. Fernando Martín
Mayor, 18
11003 CÁDIZ

Señor:

Nos es grato comunicarle que hemos constituido la sociedad COMERCIAL SOLER, S.A., que se dedicará a la fabricación y venta de toda clase de cápsulas y tapones para botellas de vidrio.

La sociedad quedó constituida según escritura pública otorgada ante notario con un capital inicial de 100 millones de pesetas.

Como podrá usted comprobar en el folleto adjunto, contamos con la más avanzada tecnología alemana, tanto en la maquinaria como en nuestras instalaciones.

Esperando que nuestra oferta sea de su interés, quedamos a su entera disposición y le saludamos atentamente.

COMERCIAL SOLER, S. A.
El Gerente

Anexo: Folleto informativo de la empresa.

15,03
45323 SAGRA E
42386 SELAS E   TL.X. NÚM. 6.325
ZARAGOZA 27-06-93
CON RELACIÓN A LAS NOTAS DE CARGO NÚMERO 15 3/91
Y 15 4/91, CORRESPONDIENTES A LOS RODILLOS DE IM-
PRESIÓN EN HUECOGRABADO PARA LAS TAPAS DE PO-
LIETILENO 250 GR. Y 500 GR., QUE VAN IMPRESAS A
CINCO COLORES Y DE LAS QUE SE LES HAN CARGADO
SEIS RODILLOS, EN LUGAR DE CINCO, EN CADA UNO,
QUEREMOS ACLARAR LO SIGUIENTE:
EL SEXTO RODILLO CORRESPONDE AL DE BARNIZ ANTI-
SOLDANTE POR ZONAS PARA DICHAS TAPAS, Y HA SIDO
INCLUIDO EN LOS CARGOS DE REFERENCIA.
UN CORDIAL SALUDO.
SR. ESCORIAL.

PRECISIÓN Al redactar un texto comercial, se deben emplear frases cortas y sencillas, pero siempre con sentido completo, abordando el asunto que se va a tratar de una manera directa, evitando los rodeos o circunloquios y las repeticiones. La carta comercial debe ser concisa, pero no incompleta.

AGILIDAD La agilidad en la redacción sirve para que el escrito sea leído con mayor facilidad y rapidez, de tal manera que el asunto quede expuesto con orden y claridad.

SALUDA

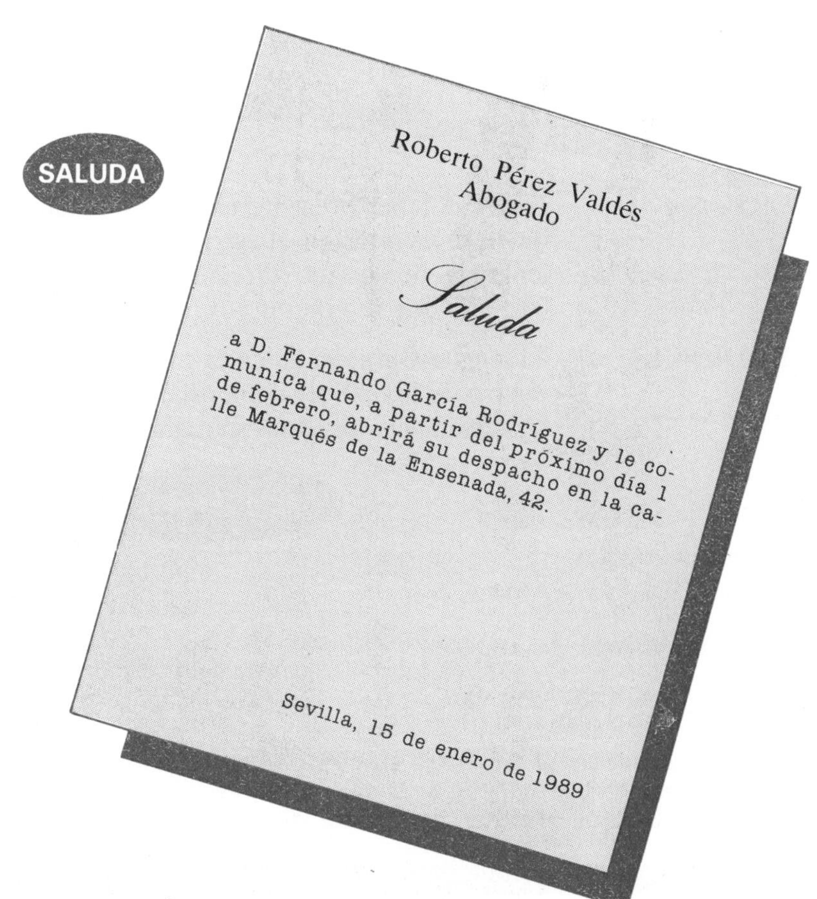

Roberto Pérez Valdés
Abogado

Saluda

a D. Fernando García Rodríguez y le comunica que, a partir del próximo día 1 de febrero, abrirá su despacho en la calle Marqués de la Ensenada, 42.

Sevilla, 15 de enero de 1989

CARTA

IBERASISTENCIA, S.A.
Lagasca, 52 - 28003 MADRID
Teléf. 754 34 22 - Fax. 471 33 58
Télex 47829 IBEAS E

16 de junio de 1989

Sr. D. Adolfo Luchana
López de Hoyos, 78
28002 MADRID

Muy señor nuestro:

Nos dirigimos a usted como abonado de los servicios de asistencia técnica de nuestra compañía.

Como usted conoce, recientemente, su vehículo ha sido objeto de una asistencia técnica cuya valoración nos resultaría muy útil para controlar la calidad de nuestras intervenciones, ya que nuestro deseo es mejorar continuamente el servicio.

Con este fin le enviamos una breve encuesta, rogándole que nos la remita, debidamente cumplimentada a la mayor brevedad posible.

Agradeciendo de antemano su colaboración y confiando en seguir contando con usted entre nuestra clientela, aprovechamos la oportunidad para saludarle muy atentamente.

Fdo.: Antonio Montilla
IBERASISTENCIA, S. A.

Anexo: Encuesta.

PERSUASIÓN — Hay que tener presente en todo momento lo que se va a decir, cómo y a quién se va a dirigir el escrito; mostrando interés por el lector, evitando el lenguaje demasiado directo o efusivo y manteniendo siempre un tono correcto que sea de interés para el que recibe la comunicación.

PRUDENCIA — El lenguaje empleado en la redacción comercial debe mantenerse siempre dentro de los cauces de la prudencia y de la cortesía. Incluso en el caso de las reclamaciones, éstas se realizarán de una manera enérgica, pero cortés.

MEMORÁNDUM

PAVTENNIS ESPAÑOLA, S.A.

3 de febrero de 1990

DE: Elena Fernández
A: Pedro Llamazares

Le recuerdo la urgente necesidad de enviar muestras de pavimento de césped artificial y arena de sílice, en color verde, a nuestro cliente número 341 de Madrid, antes del día 15 del presente mes.

Por último, hay que tener en cuenta que la carta comercial debe ser atractiva por su forma externa. Los párrafos tienen que ser cortos, cuidando el orden expositivo y guardando una relación lógica entre ellos.

EJERCICIOS

Lea atentamente los siguientes textos y responda a las preguntas que van a continuación:

a)

BELISA, S.L.
Galileo, 89
06002 BADAJOZ

Sr. D. Luis Martín — 12 de julio de 1989
Prim, 8
10002 CÁCERES

Muy Sr. nuestro:

Arrojando su estimada cta. un saldo a n/fvor. de 60.631 pts., aparte de las fras. de la presente temporada y según se indica en nuestro extracto de cta., y puesto que no dudamos será de su completa conformidad, pasamos a manifestarle que para su regularización le será dispuesta una L/. vto. 10 de agosto próximo.

Muy atentamente, le saludan sus affmos. ss. ss.

BELISA, S.L.
El Gerente

---

b)

7 de julio de 1989

Señor:

Nos es grato comunicarle que hemos constituido la sociedad COMERCIAL SOLER según escritura pública otorgada ante el notario D. Felipe Martín, con un capital de cien millones de pesetas.

Esta empresa se dedicará a la fabricación y venta de cápsulas y tapones para botellas de vidrio, trabajando según la acreditada tecnología alemana SCHUMERCHERS.

Muy atentamente, le saludamos.

El Gerente

---

c)

BANCO COMERCIAL

23 de enero de 1989

Estimado señor:

Seguramente usted ya conoce nuestra nueva tarjeta de crédito VENTA 2.000, pero es posible que no tenga una información suficiente y clara de las ventajas que puede reportarle. Por ello nos es grato presentarle este nuevo servicio exclusivo de compras por catálogo, y le adjuntamos el folleto explicativo en el que se describen con detalle todas las características del mismo. Es nuestro deseo mejorar continuamente el servicio de ventas, haciéndolo cada vez más cómodo y rentable.

Aprovechamos la ocasión para enviarle un cordial saludo.

El Gerente

---

d)

COMERCIAL SANCHÍS
Balmes, 189
08002 BARCELONA

Sr. D. Fernando Mayor — 12-5-89
Soria, 18
50004 ZARAGOZA

Muy Sr. mío:

Le escribimos para comunicarle que hemos cambiado a nuestro delegado en la zona centro. Desde el pasado día 21 quedó extinguida nuestra relación laboral con dicho señor.

Aprovechamos la ocasión para confirmarle que continuamos a su disposición en nuestra sede de Barcelona, con el personal y los teléfonos habituales, en los cuales estamos dispuestos a servirle.

Esperamos sentirnos muy halagados cuando nos confíe sus gratos encargos, que atenderemos con prontitud y esmero.

Sin otros extremos, aprovechamos para mantenernos, como siempre, suyos affmos. ss. ss.

El Gerente

e)

7-12-89

TÉLEX NÚM. 123

DE: SR. GARCÍA
A: CALENDA

ASUNTO: PRECIOS DEL AÑO 1990

CONTESTAMOS A SU TÉLEX INFORMÁNDOLES QUE NUESTROS PRECIOS YA ESTÁN REVISADOS, LA COTIZACIÓN YA ESTÁ PASADA Y ADEMÁS LLEVARÁN UN 5 % DE DESCUENTO.

EN ESPERA DE SUS NOTICIAS, LES SALUDAMOS CARIÑOSAMENTE.

SR. GARCÍA.

PREGUNTAS

1. Después de haber leído atentamente los textos propuestos, indique si son correctos o incorrectos.
2. Señale las incorrecciones que aparecen en los textos anteriores. Razone la respuesta, indicando cuando aparezca ambigüedad, desorden en la exposición del asunto, tono o fórmulas incorrectas, afectación, falta de claridad, etc.
3. Trate de volver a redactar correctamente los escritos propuestos.
4. Redacte escritos comerciales con un tema similar al de los ejemplos, teniendo muy en cuenta que deben de cumplirse las cinco características estudiadas.

2 FÓRMULAS, TRATAMIENTOS, ABREVIATURAS

Todo escrito comercial se estructura a partir de una serie de fórmulas que se van a repetir en situaciones semejantes. La sencillez es característica común a todas ellas; por lo tanto, hay que evitar las fórmulas recargadas que hacen el texto más difícil de entender y oscuro, tampoco se deben emplear fórmulas arcaicas, es decir, pasadas de moda.

En cuanto a las fórmulas empleadas en el **saludo,** son frecuentes las siguientes: *Señor / Señores, Muy señor mío / Muy señores míos, Muy señor nuestro / Muy señores nuestros, Distinguido señor / Distinguidos señores.* Cuando se escribe a una persona con la que se tiene una cierta amistad se emplea *Estimado* o *Apreciado Sr.*

Las fórmulas que se van a emplear en el **cuerpo** de la carta guardan relación con el asunto que se va a tratar, como, por ejemplo:

a) Para comenzar un negocio o bien ofrecer nuestro servicios:

- *Nos es grato comunicarles...*
- *Por la presente queremos informarles de...*
- *Me complace comunicarles...*

b) Para contestar a una carta:

- *Con esta fecha acusamos recibo de su escrito...*
- *En contestación a su atento escrito de fecha...*
- *De acuerdo con las especificaciones hechas en su carta de fecha...*

c) Para hacer un pedido:

- *Agradecemos se sirvan remitirnos a la mayor brevedad...*
- *Con fecha 1 de diciembre hemos recibido la mercancía n.°...*

d) Para hacer una reclamación:

- *Lamentamos sinceramente lo ocurrido...*
- *Nos vemos en la necesidad de solicitar una aclaración sobre...*
- *Lamentamos manifestarle que devolveremos la mercancía...*

e) Para reclamar un pago:

- *Le agradeceremos se sirva enviarnos un cheque por...*
- *Con esta fecha giraremos a su cargo una letra pagadera el...*

En la **despedida** las fórmulas tienden a simplificarse cada vez más, las más frecuentes son:

- *Les saludamos muy atentamente.*
- *Atentamente, les saludan.*
- *Reciban mis atentos saludos.*
- *Saludos cordiales.*

Pero esta fórmula de despedida suele enlazarse con el último párrafo de la carta mediante una frase, como, por ejemplo:

- *Quedamos a su entera disposición y...*
- *Esperando sus prontas noticias...*
- *Con el deseo de haberles complacido...*
- *Le damos las gracias por su deferencia y...*

EL TRATAMIENTO

En español se hace mediante el empleo del pronombre **usted/ustedes** y el verbo que concuerda en tercera persona del singular o del plural. Cuando el escrito va dirigido a persona o personas con las que tenemos lazos comunes de amistad o confianza, se emplea el pronombre **tu/vosotros,** y el verbo concuerda en segunda persona del singular o del plural; esta segunda forma se usa sobre todo en cartas de tipo familiar o social.

Cuando los escritos van dirigidos a dignidades, jerarquías o cargos, se emplean las fórmulas de carácter reverencial o burocrático.

Las que van a continuación son aquellas de uso más frecuente:

Majestad, S. M., Vuestra Majestad, V. M.: para el Rey.
Alteza Real, A. R.: para el Príncipe heredero.

El principio del escrito irá encabezado con el tratamiento *Señor, Serenísimo Señor,* o *Señora, Serenísima Señora.* Dentro del escrito se emplea *Majestad, Alteza,* o *Vuestra Majestad, Vuestra Alteza.*

Excelentísimo Señor: para el Presidente del Gobierno.
los miembros del Consejo del Reino.
los miembros de Tribunal Supremo de Justicia.
los miembros del Tribunal de Cuentas.
los Gobernadores Civiles.
los Presidentes y Fiscales de las Audiencias Territoriales.
los Presidentes de las Comunidades Autónomas.
los Alcaldes de Madrid y Barcelona.
los Rectores y Vicerrectores de las Universidades.

Ilustrísimo Señor: para Subsecretarios y Directores Generales.
Generales del Ejército.
Alcaldes de capitales de provincia.
Magistrados.
Presidentes de las Diputaciones Provinciales.
Directores de Institutos de E.E. M.M.
Decanos y Vicedecanos de las Facultades.
Directores de las Escuelas Técnicas Superiores.

LAS ABREVIATURAS

Se emplean con el fin de escribir más información en el menor espacio posible. Las más usadas en español comercial son las siguientes:

a/c. .... A cuenta
Admón. .... Administración
a/f. .... A favor
apdo. o aptdo. Apartado (Correos)
Art. o Art.º. .... Artículo
Avda. .... Avenida

Bco. o B. .... Banco
B.O.E. Boletín Oficial del Estado

C.V. o H.P. ... Caballos de Vapor
c/. .... Calle
cº. .... Cambio
cap. o cap.º. .... Capítulo
cgo. o c. .... Cargo
C. .... Carta
c/o. .... Carta orden
cg. .... Centigramo
cl. .... Centilitro
cm. .... Centímetro
Cert. .... Certificado
Cdad. .... Ciudad
Cód. .... Código
Com. .... Comisión
Cía., Comp.ª, c.ª. .... Compañía
cje. .... Corretaje
Cta. .... Cuenta
Cta. cte. o c/c. ... Cuenta corriente

ch/. .... Cheque

D. .... Don
D.ª. .... Doña
Dg. .... Decagramo
Dl. .... Decalitro
Dm. .... Decámetro
dm. .... Decímetro
dpto. .... Departamento
dcha. .... Derecha
dto. .... Descuento
d/. .... Día(s)
d/f. .... Días fecha
d/v. .... Días vista
D.m. .... Dios mediante
Dtor. .... Director
Dr. .... Doctor
doc. .... Documento
dupdo., dupl. .... Duplicado

Ed. .... Edición, editor, editorial
efvo. .... Efectivo
E/, ef. .... Efecto(s)
E/pag. .... Efecto a pagar
E/cob. .... Efecto a cobrar
E/neg. .... Efecto a negociar
ej. .... Ejemplo
E.P.M. .... En propia mano
entlo. .... Entresuelo
e/. .... Envío
E. .... Este (punto cardinal)
etc. .... Etcétera
Excmo. .... Excelentísimo
ext. .... Exterior

fáb. .... Fábrica
fra. .... Factura
fcha. .... Fecha
f/f. .... Fecha factura
f.º, fol. .... Folio
fr. .... Franco

gtos. .... Gastos
gral. .... General
g/. .... Giro
G.P., g/p. .... Giro postal
G.T., g/t. .... Giro telegráfico
g., grs. .... Gramo (s)

Ha. .... Hectárea
Hg. .... Hectogramo
Hl. .... Hectolitro
Hm. .... Hectómetro
Hnos. .... Hermanos

ib., ibíd. .... Ibídem
íd. .... Ídem
Ilmo. .... Ilustrísimo
Impte. .... Importe
Impto. .... Impuesto
I.V.A. ... Impuesto sobre el Valor Añadido

Juzg.º. .... Juzgado

Kg. .... Kilogramo
Km. .... Kilómetro
Km.^{2}. .... Kilómetro cuadrado
km./h., km./h. ...... Kilómetro por hora

L/. .... Letra de cambio
£. .... Libra esterlina
Ldo. .... Licenciado
Ltd., Ltda. .... Limitada
L. .... Liras

Máx. .... Máximo
m/. .... Meses
m/v. .... Meses vista
m., mts. .... Metro(s)
m.^{2}. .... Metro cuadrado
m.^{3}. .... Metro cúbico
m/c. .... Mi cuenta
m/fra. .... Mi factura
m/f. .... Mi favor
mg. .... Miligramo
ml. .... Mililitro
mm. .... Milímetro
mín. .... Mínimo
m. .... Minuto
Mod. .... Modelo

Nom. .... Nominal
N. .... Norte
NE. .... Nordeste
NO. .... Noroeste
n/. .... Nuestro/a
n/cta. .... Nuestra cuenta
n/fra. .... Nuestra factura
n/L. .... Nuestra letra
n/o. .... Nuestra orden
n/r. .... Nuestra remesa
n/cgo. .... Nuestro cargo
n/ch. .... Nuestro cheque
n/g. .... Nuestro giro
n/p. .... Nuestro pagaré
Núm., n.º. .... Número

o/.. .... Orden
O.M. .... Orden ministerial

p/. .... Pagaré
pág. .... Página
p.º. .... Paseo
pta., ptas., pts. .... Pesetas
P.N. .... Peso neto
Pl. .... Plaza
P. admón. ...... Por administración
P.A., p.a. .... Por ausencia
P.A., p.a. .... Por autorización
%. .... Por ciento
p/cta. .... Por cuenta
p. ej. .... Por ejemplo
p.o., P.O., p/o. .... Por orden
p.p. .... Porte pagado
P.D., P.S. Posdata o Post scriptum
P.V.P. . Precio de venta al público
prov. .... Provincia
ppdo. .... Próximo pasado

Ref., Rf.ª. .... Referencia
Rte. .... Remitente
r.p.m. ... Revoluciones por minuto

sdo. .... Saldo
s.b.f. .... Salvo buen fin
s.e.u.o. ...... Salvo error u omisión
s/. .... Según
s.s. .... Seguro servidor
Sr. .... Señor
Sra. .... Señora
Sres., Srs. .... Señores
Srta. .... Señorita
ss., sigs. .... Siguientes
S.G. .... Sin gastos
s/n. .... Sin número
Sdad. .... Sociedad
S.A. .... Sociedad Anónima
S.C. .... Sociedad en Comandita
S.R.C. Sociedad Regular Colectiva
S.L. .... Sociedad Limitada
s/cgo. .... Su cargo
s/c. .... Su casa
S.E. .... Su Excelencia
s/fra. .... Su factura
s/fv. .... Su favor
s/g. .... Su giro
s/L. .... Su letra
S.M. .... Su Majestad
s/o. .... Su orden
s/p. .... Su pagaré
s/r. .... Su remesa
s.s.s. .... Su seguro servidor
SE. .... Sudeste
SO. .... Sudoeste

t/. .... Talón
T. .... Tara
Tel., Teléf. .... Teléfono
Tít. .... Título
t. .... Tomo
Tm. .... Tonelada métrica

Ud., Uds. .... Ustedes
últ. .... Último

V. .... Valor
V/cta. .... Valor en cuenta
V/r. .... Valor recibido
v. .... Véase
vto. .... Vencimiento
v.g., v.gr. .... Verbigracia
V.º B.º. .... Visto bueno
Vda. .... Viuda
vol. .... Volumen
V.I. .... Vuestra Ilustrísima
V.E. .... Vuestra Excelencia

1. **Escriba el significado de las siguientes palabras, consultando el diccionario si es necesario:**

Concuerda: ....
Arcaico: ....
Deferencia: ....
Encabezar: ....
Burocrático: ....
Jerarquía: ....

2. **Escriba una frase con cada uno de los adjetivos que van a continuación:**

Mínimo: ....
Apreciado: ....
Obligado: ....
Amable: ....
Interesado: ....
Erróneo: ....
Destrozado: ....
Deteriorado: ....

3. **Complete los espacios en blanco con las fórmulas más adecuadas en cada caso:**

a)

PÉREZ Y MONTANER
RECAUCHUTADOS

Prim, 87
24009 LEÓN

Talleres Salas — 15 de enero de 1989
Ronda, 2
09002 BURGOS

Señores:

Nos es .... que con fecha 29 de mayo hemos facturado una mercancía compuesta de 10 cajas con un peso bruto de 290 kg., que corresponden al pedido que nos hace en su atenta carta del día 20 del mes en curso.

La mercancía irá consignada a la AGENCIA LLOVET en Burgos, que se encargará de su despacho.

Con el deseo de haberles complacido, ...

El Gerente

b)

SODELASA

Alcalá, 375 — 28005 MADRID

Sr. D. Luis Pérez — 7 de abril de 1989
San Vicente, 89
48002 BILBAO

.... :

.... de fecha 1 de marzo, nos es grato adjuntarle la siguiente relación de documentos:

— Certificado de Seguridad Social.
— Impuesto de transmisiones patrimoniales.
— Póliza correspondiente a las acciones 5678 a 5700.

....

El Administrador

c)

IBÉRICA ASOCIADA, S.L.

Ctra. de Barcelona, s/n — COSLADA (Madrid)

M. Palomares Hnos. — 26 de marzo de 1989
Brescia, 78
40009 SEGOVIA

.... :

.... acerca del lote de trece latas de pintura amarilla que hemos recibido con fecha de hoy. Su estado es lamentable, ya que los envases vienen totalmente deteriorados, hasta tal punto que no podremos ofrecerlos a nuestros clientes.

Con tal motivo, esperamos que ustedes se hagan cargo de esta mercancía defectuosa.

Sin otro particular y mientras esperamos ....

El Jefe de compras

d)

EUROLUX ESPAÑA, S.A.

Arena, 79 — 46032 VALENCIA

COMERCIAL LANERA — 7 de mayo de 1989
Santa Teresa, 35
05002 ÁVILA

.... :

....

— 200 ovillos de lana de angora en colores surtidos.
— 150 madejas de lana blanca, calidad extra.
— 300 madejas de hilo para devanar (80 % poliéster).

De acuerdo con su catálogo general de precios para el año en curso que obra en nuestro poder, entendemos que en éstos ya está incluido el 12 %

correspondiente al I.V.A., y la mercancía puesta en nuestros almacenes, libre de portes y embalajes.

....

....

El Director-Gerente

4. Cartas-puzzle: los fragmentos de los textos que van a continuación pertenecen a tres cartas diferentes, dirigidas a un único destinatario. Después de leerlos atentamente, trate de redactar las tres cartas, teniendo en cuenta las fórmulas empleadas en cada una de ellas:

a) Remitentes:

BANCO PALENTINO
Abada, 67
23076 LEÓN

D. Pedro Pla
Ctra. de Cádiz, s/n
87092 HUELVA

BODEGAS RUIZ
Doctor Lista, 93
95723 GERONA

b) Destinatario:

BENYSA, S.L.
Gran Vía, 19
43007 BARCELONA

c) Asunto:

— Hacer un pedido.
— Reclamar una letra impagada.
— Comunicar la creación de una nueva sucursal.

d) Fórmulas de saludo:

— Señores.
— Muy señores nuestros.
— Distinguidos señores.

e) Textos:

— Por la presente queremos informarles de la inauguración de nuestra nueva agencia urbana en la calle del Pez, 24 de esta misma ciudad. Con tal motivo les rogamos se sirvan tomar nota de la nueva dirección.
— Nos vemos en la necesidad de solicitar una aclaración sobre la letra correspondiente a n/fra. n.º 54.422, que nos ha sido devuelta impagada.
— Les agradeceré que se sirvan remitirme a la mayor brevedad posible el pedido de tubos que a continuación se detalla:

Tamaño	Cantidad
19 * 84	25.000 unidades
25 * 95	20.000 unidades
25 * 114	20.000 unidades

— Desconociendo las causas que puedan motivar tal devolución, les agradeceremos se sirva indicárnoslas a la vuelta de correo para poder subsanarlas lo antes posible.
— En el nuevo establecimiento ustedes podrán realizar las mismas operaciones que en nuestra entidad y disponer de los mismos servicios.
— Les ruego que me envíen las facturas por triplicado dentro de los diez días de su fecha de emisión, indicando en ellas el número de pedido.

f) Fórmulas de despedida:

— Sin otro particular y a la espera de sus noticias, reciban mis atentos saludos.
— Con el deseo de haberles complacido y en la confianza de que nuestra nueva sede sea de su interés, les saludamos muy atentamente.
— En espera de su respuesta, reciban nuestros saludos.

5. Complete las frases siguientes con la locución más adecuada en cada caso (por consiguiente, para, para que, porque, por lo tanto, puesto que):

— Les ruego me envíen la mercancía por transporte urgente .... esté en mi poder antes de que termine esta semana.
— Hemos aceptado más pedidos que en temporadas anteriores .... tendremos que contratar nuevos operarios.
— Me veo obligado a solicitar una aclaración .... la mercancía ha llegado a mi poder totalmente deteriorada.
— Hemos devuelto el pedido en su totalidad .... nos habían envíado equivocados los colores y las tallas.
— Con nuestra tarjeta de crédito, usted contará con crédito inmediato ..... cubrir cualquier necesidad durante las 24 horas del día.
— Este año no interrumpiremos el proceso de fabricación durante el mes de agosto .... estaremos a su disposición para servirles cuantos pedidos quieran encargarnos.

3 LOS SIGNOS DE PUNTUACIÓN

La coma, el punto y coma, el punto, los dos puntos, los puntos suspensivos, las comillas, el paréntesis, los signos de interrogación y admiración.

Los signos de puntuación sirven para hacer el texto más claro y comprensible.

Unas veces indican entonación, como en las frases exclamativas e interrogativas. Otras veces indican pausa, como, por ejemplo, en las enumeraciones.

LA COMA

- Indica pausa y se emplea en las enumeraciones de palabras de la misma categoría. Ejemplo: *Está formado por cuadrados, rectángulos, rombos y romboides. / Predominan los colores rojos, azules, violetas y verdes.*
- También se emplea para señalar una interrupción momentánea que introduce una aclaración. Ejemplo: *Los precios de agosto, según el último índice, han subido considerablemente.*
- Cuando en un escrito aparecen expresiones que interrumpen el normal desarrollo del discurso, como: por consiguiente, por último, no obstante, es decir, sin embargo. Ejemplo: *En este momento no contamos con existencias, sin embargo, mantenemos su pedido.*
- Para separar entre sí frases que tienen un valor semejante. Ejemplo: *Unos operarios embalan la mercancía, otros la llevan a facturar.*

EL PUNTO Y COMA

- Es una pausa más intensa que la de la coma. Se emplea para separar en períodos varias oraciones que ya llevan comas. Ejemplo: *Era muy aburrido; jamás comía, ni bebía, ni bailaba.*

EL PUNTO

- Indica una pausa mayor que la de la coma y que la del punto y coma. Se emplea después de oraciones con sentido completo (punto y seguido) o de párrafos (punto y aparte). También se emplea después de cada una de las iniciales de las siglas, y después de las abreviaturas. Ejemplos: *C.E.E. / Ilmo. Sr.*

DOS PUNTOS

- Se emplean después del saludo de las cartas y documentos en general. También en las instancias después del expone y solicita.
- Al introducir una enumeración. Ejemplo: *Partes de la planta: raíz, tallo, hojas.*
- Para citar palabras textuales.

PUNTOS SUSPENSIVOS

- Sirven para indicar que el discurso está inacabado, generalmente se emplean en enumeraciones o exposiciones. Se ponen tres o grupos de tres. Ejemplo: *Si fuera tan amable de enviármelo...*
- También se usan cuando, al copiar un texto, prescindimos de algún pasaje del mismo. Para indicar tal suspensión se incluyen los puntos suspensivos entre corchetes [...]

LAS COMILLAS

- Se utilizan para encerrar palabras o frases textuales. Ejemplo: *El Presidente de la Compañía dijo: «El balance del año que termina ha sido muy positivo».*
- Para destacar alguna palabra o frase que se emplea con un sentido que no es el suyo habitual. Ejemplo: *Ese vendedor es más pesado que el «plomo».*

EL PARÉNTESIS

- Se emplea para hacer alguna aclaración o inciso dentro de la frase, cuando la aclaración es larga y tiene escasa conexión con la frase principal.
- También se emplean paréntesis para dar noticias o datos aclaratorios, como referencias, fechas, cantidades, especificaciones, etc. Ejemplo: *La U.E. (Unión Europea). / Una hipoteca por valor de 6.500 euros (seis mil quinientos).*

LOS SIGNOS DE INTERROGACIÓN Y DE ADMIRACIÓN

- Van al principio y al final de las frases interrogativas y exclamativas, respectivamente.
- El primer signo se coloca donde empieza la pregunta aunque ésta no coincida con el comienzo de la frase. Ejemplo: *Deseamos información urgente sobre el proceso de fabricación. ¿Podrían ponerse en contacto con nosotros por teléfono?*
- Cuando van seguidas varias frases breves, interrogativas o exclamativas, sólo empieza con mayúscula la primera. Ejemplo: *¿Cuándo recibiremos el pedido?, ¿cómo nos llegará?, ¿a través de qué compañía?*

EJERCICIOS

1. Relacione las palabras de una columna con su sinónimo en la otra:

prueba	ordenado
defectuoso	declarar
sistemático	demostración
enviar	ayudar
confusión	imperfecto
manifestar	desorden
auxiliar	expedir

2. **Coloque los signos de puntuación que faltan en los documentos siguientes:**

a)

CONFECCIONES DE PUNTO S L

Neptuno 659 43001 TARRAGONA

Sra Dña María Llorente
Jáen 32
41043 SEVILLA

3 de diciembre de 1989

Distinguida señora

Con fecha 20 de junio hemos recibido el pedido que ha tenido la amabilidad de confiarnos a través del Sr Bravo

Nos es grato confirmar este encargo con todos sus detalles y condiciones indicándole que pondremos todo nuestro interés en servirlo antes del 15 de octubre fecha que nos propone usted en el duplicado

Quedamos a su entera disposición Saludos cordiales

Antonio Ruiz
Gerente

b)

05.14
82530 CITES
72593 TSAG

14,5,92
TÉLEX NÚM 234

DE SR FERNÁNDEZ
A SR SARDÁ

ASUNTO PROGRAMACIÓN DE EMPAQUES

DE ACUERDO CON LA CONVERSACIÓN TELEFÓNICA MANTENIDA EL PASADO DÍA 11 LES ENVIAMOS POR TRANSPORTES LA RÁPIDA 178 MILLARES DE FORMATO DE PAPEL METALIZADO

LA DEVOLUCIÓN DE ESTA PARTIDA NOS OCASIONA UNA RUPTURA STOCK POR LO QUE RUEGO A UDS NOS CONFIRMEN POR TÉLEX SI CUMPLIRÁN CON LA PROGRAMACIÓN RESTANTE

SALUDOS EL DIRECTOR
MANUFACTURAS TISAG

c)

ESLABÓN S A
Artículos para regalo
Bisutería fina
Plaza Mayor 32
10005 CÁCERES

Enero 1989

A NUESTROS CLIENTES

A los efectos oportunos comunicamos a ustedes que nuestro representante en Barcelona para la sección de artículos para regalo cristal tallado alpaca y esmaltes D José López del Peral ha cambiado de domicilio El actual es

Calle Arellano 34

Teléfono 232 54 00

65008 BARCELONA

Quedamos a su entera disposición y les saludamos atentamente

ESLABÓN S A

d)

D Francisco Álvarez Pérez con domicilio en Madrid calle Salmón n.º 2 con D N I número 727.945.645 en nombre de SUMINISTROS DEL JARAMA S A con domicilio social en Torrelaguna provincia de Madrid calle General Álvarez de Toledo n.º 128 acepta la invitación cursada por esa Unidad de Obras Públicas con fecha de 16 de mayo de 1990 y se compromete a tomar a su cargo la ejecución de las obras ABASTECIMIENTO DE ENERGÍA ELÉCTRICA AL POLÍGONO INDUSTRIAL DE TALAMANCA DEL JARAMA MADRID con sujeción a las condiciones y requisitos que figuran en el correspondiente Pliego de Cláusulas Administrativas Particulares por la cantidad de ptas 8.170.000 OCHO MILLONES CIENTO SETENTA MIL PESETAS

Torrelaguna 21 de mayo de 1989

Fdo Francisco Álvarez Pérez

COMUNIDAD AUTÓNOMA DE MADRID - OBRAS PÚBLICAS E INFRAESTRUCTURAS e)

DENOSA DOMINICANA S A
Instalaciones Deportivas
Avda San Martín 41
28082 MADRID

PRESUPUESTO N.º 11/99/768-T

PLAZO DE ENTREGA

Nuestros trabajos de pavimentación tienen una duración aproximada de dos semanas a partir de su iniciacion Si se tiene que efectuar el cerramiento metálico del recinto este plazo se amplía a tres semanas aproximadamente Los días de lluvia así como los de paro ocasionados por conflictos laborales están excluidos del plazo de ejecución

CONDICIONES ECONÓMICAS

A convenir

CONDICIONES GENERALES

El cliente se obliga a proporcionar el regular suministro del agua y energía eléctrica trifásica a pie de obra para la ejecución de los trabajos Los gastos de maquinaria y personal en paro serán por cuenta del cliente en el caso de que se interrumpiese el suministro de alguno de los elementos antes citados.

No se incluye en esta oferta el acondicionamiento del camino de acceso al lugar de la construcción proyectada que será siempre a cargo del cliente

Tanto DENOSA como el Sr Cliente se someten de modo expresivo con renuncia al fuero y domicilio que pudiera corresponderles a la jurisdicción y competencia de los Tribunales de la ciudad de Madrid para la resolución de cualquier duda controversia o litigio que pudiera resultar de la interpretación cumplimiento o finalización del presente contrato

Madrid 28 de noviembre de 1989

f)

ASLAT —ASESORIA LABORAL Y TRIBUTARIA—
Villahermosa 72
10003 CÁCERES

D. Federico Fernández Pulgar
Prim 52
1005 CÁCERES

23 de septiembre de 1989

Señor

Adjunto le remitimos el extracto de cuenta correspondiente al mes de JULIO-89 cuyo importe de 65.375 ptas puede usted abonar como viene haciéndolo habitualmente

Esperando que sea de su conformidad le saludan atentamente

Asesoría Laboral y Tributaria

g)

ANTONIO FERNÁNDEZ SANCHÍS mayor de edad casado de profesión industrial con domicilio en calle Valdezarza n.º 65 y con Documento Nacional de Identidad n.º 98.654.887 actuando en su propio nombre y derecho

EXPONE

Que reúne las condiciones necesarias para participar en el concurso público para la adjudicación de las obras del Polideportivo Las Acacias convocado por este Ayuntamiento

SOLICITA

Se digne a tomar en cuenta su solicitud y a incluirlo en la lista de concursantes

Valladolid 22 de diciembre de 1989

Ilmo Sr Alcalde-Presidente del Ayuntamiento de Valladolid

3. **Responda *Verdadero* o *Falso* a las siguientes afirmaciones:**

	V	F
a) El punto indica pausa y se emplea en enumeraciones de palabras de la misma categoría.		
b) Los signos de puntuación se emplean para adornar y hacer más atractivo el texto.		
c) El punto indica una pausa mayor que la de la coma.		
d) Para introducir enumeraciones se emplean los puntos suspensivos.		
e) Los signos de puntuación sirven para hacer al texto más claro y comprensible.		

4. **Escriba el adjetivo más adecuado en cada una de las frases siguientes:**

— Acusamos recibo de su .... orden de pedido.

— Quedamos a su .... disposición y le saludamos.

— Le responderemos a la .... brevedad posible.

— Les agradeceríamos que nos aclararan tan .... suceso.

— Sin otro particular, reciban mis .... saludos.

— Confiando en una ...... y ...... colaboración.

5. **Escriba los sinónimos de las siguientes palabras:**

aclaración
existencias
programación
comunicar
condiciones
adjuntar
abonar
particular
duración
finalización

4 EMPLEO CORRECTO DE LA LENGUA ESPAÑOLA

DIFERENCIAS DE USO ENTRE *SER* Y *ESTAR*

La diferencia de uso entre **ser** y **estar** constituye una de las peculiaridades más interesantes del español, pero también es uno de los obstáculos más considerables para su aprendizaje como segunda lengua.

SER

Lo usamos para expresar cualidades esenciales o cuando emitimos juicios absolutos, al margen de nuestra experiencia.

Ejemplos:

El diamante es muy duro.
El carbón es negro.
El agua es transparente.
El café es amargo.

Por lo tanto, podemos decir que **ser** es el verbo de lo atemporal, de lo abstracto.

Ejemplos:

Es bueno (cualidad moral).

El verbo **ser** se usa también en español, como auxiliar para formar la voz pasiva.

Ejemplo:

Es muy estimado por todos.

ESTAR

Lo usamos cuando pensamos que la realidad es un estado; es decir, cuando nos hallamos en una situación con carácter transitorio o definitivo.

Ejemplos:

Está contento.
Está muerto.

Basta que supongamos que la cualidad ha sido causada por algún cambio o transformación.

Ejemplos:

El café está dulce.
El cuadro está roto.
El agua está turbia.

Estar es, por lo tanto, un verbo marcado por la intemporalidad, por lo circunstancial.

Ejemplo:

Está bueno (cualidad física).

EMPLEO DE TIEMPOS VERBALES

Tiempos del indicativo:

Presente: Expresa la realidad actual; es la frontera entre el futuro que será y el pasado que ha sido o fue. Sin embargo, el presente ha extendido su campo significativo al pasado y al futuro, dando lugar a los siguientes usos:

presente **actual**: *Yo leo.* **Habitual:** *Me levanto todos los días a las ocho.*

presente **histórico**, cuando se trata de actualizar una acción pasada: *Colón descubre América en 1492.*

presente con valor de **futuro**, cuando indicamos la intención presente de realizar una acción futura: *La semana que viene nos vamos de vacaciones.*

presente de **mandato**: *Vas a la calle y compras el periódico.*

Pasado: En el indicativo los tiempos del pasado son tres:

Pretérito perfecto simple: Expresa una acción pasada y acabada: *Ese trabajo lo terminé el mes pasado.*

Pretérito perfecto compuesto: Indica una acción pasada y acabada que guarda relación con el presente: *Esta mañana he llegado muy temprano.*

Pretérito imperfecto: Indica una acción pasada que sólo nos interesa en su duración: *Hace dos años, trabajaba en una empresa.* En la frase puede adquirir los siguientes valores secundarios:

cortesía: *Quería pedirle un favor.*
conato: *Te estaba escribiendo cuando me llamaste.*
opinión: *Creo que te merecías ese premio.*

Futuro: Expresa una acción que va a suceder. Puede presentar los siguientes valores:

mandato: *Te pondrás a trabajar ahora mismo.* También forma parte de las fórmulas de cortesía: *¿Será usted tan amable de ayudarme?*

probabilidad: *Faltarán unos 50 kilómetros para llegar.*

sorpresa: *¿Te atreverás a negarlo?*

Futuro hipotético o condicional: Indica una acción venidera marcada por la posibilidad y la hipótesis;

futuro en el pasado: *Me dijiste que escribirías.*
condicional de cortesía: *Quería pedirle un favor.*
condicional de conato: *Lo haría encantado, pero no puedo.*

Pretérito pluscuamperfecto: Es una de las formas compuestas del verbo. Expresa una acción pasada y acabada, anterior a otra también pasada: *Cuando llegó, ya había terminado yo el trabajo.*

Tiempos de subjuntivo:

Se emplean mucho menos en el habla coloquial que los tiempos del indicativo, los futuros han desaparecido prácticamente, y sólo se conservan en arcaísmos o frases hechas: *Sea lo que fuere.* El subjuntivo es el modo de la irrealidad, sus tiempos son más difusos, menos claros que los del indicativo.

Presente: Indica una acción presente o hecho futuro: *No creo que venga.*

Préterito imperfecto: Expresa acción pasada, presente o futura: *Le dijeron que hablara.*

Pretérito perfecto: Indica una acción pretérita o futura: *No creo que haya trabajado hoy.*

Pretérito pluscuamperfecto: Indica una acción pasada, perfecta, anterior a otra también pasada: *No pensaba que hubieras terminado.*

USO DE LAS PREPOSICIONES

La función de la preposición es la de servir de enlace entre palabras u oraciones. Las preposiciones son átonas y pueden unirse entre sí. Ejemplo: *Por de pronto comenzamos el trabajo.* También hay que tener en cuenta las frases prepositivas que tienen el mismo valor de las preposiciones: *Alrededor de, junto a, dentro de, encima de,* etc.

Las preposiciones más usadas en español son: **a, de, para, por, en; a** y **de** se contraen cuando van con el artículo determinado, dando lugar a **al** y **del**: *Voy al cine. Recuerdos del pasado.*

La preposición **a** indica movimiento o dirección: *Voy a Madrid.* También puede expresar finalidad: *Vengo a enterarme.* Relación total y temporal un tanto imprecisa: *Está a la entrada.* También tiene significación modal: *A su imagen y semejanza.*

La preposición **de** puede expresar posesión y pertenencia: *El libro de Juan./ Las plantas de este jardín.* La materia de que está hecha una cosa: *Casa de madera.* La procedencia: *Viene de América.* El modo: *Caer de espaldas.* El tiempo: *De día./ De noche.*

La preposición **para** expresa la finalidad: *Vengo para buscarte.* La dirección, aunque de una manera más imprecisa que **a:** *Hoy salgo para Barcelona.* También se emplea con relación al tiempo: *La conferencia ha sido aplazada para el viernes.* Es muy frecuente su empleo con el infinitivo: *Estaba la calle como para salir.*

La preposición **por** indica principalmente la causa: *No llegué a tiempo por su culpa.* También expresa el tiempo: *Salimos por la mañana.* El lugar: *Paseo por la calle.* El modo: *Por fin me escuchó.* También se construye con infinitivo: *Estaba por llegar.* Se emplea como agente de la voz pasiva: *El cuadro está pintado por él.*

La preposición **en** expresa la idea de relación estática, de reposo: *Vivo en Barcelona./ Estoy en casa./ Estamos en otoño.* Denota la participación en conceptos abstractos: *Ignorante en todo.* Se emplea con verbos de pensamiento: *Creer en./ Confiar en./ Pensar en.* También puede tener significación modal: *En particular./ En absoluto./ En serio./ En resumidas cuentas.* Por último, puede tener valor de medio, instrumento o precio: *Viajar en avión./ Hablar en francés./ Vender en mil pesetas.*

El resto de las preposiciones en español no presentan dificultades gramaticales. La variedad de sentidos es común a todas ellas, pudiendo expresar una misma preposición el lugar, el tiempo, la causa, etc.

Algunos verbos rigen una preposición determinada, y van seguidos de ella:

Abusar **de**
Acabar **con, por, de**
Acogerse **a**

Acostumbrarse **a**
Ajustarse **a**
Alegrarse **de, con, por**

Aplicar (algo) **a**
Arrepentirse **de**
Atender **a**
Atenerse **a**
Atribuir (algo) **a**
Caracterizarse **por**
Confiar **en**
Considerar (algo) **en, bajo, por**
Constar **de, en**
Corresponder **a**
Darse **a, por**
Decidirse **a, en, por**
Dedicarse **a**
Empezar **a, por**
Encargarse **de**
Entender **de, en**
Insistir **en, sobre**
Intervenir **en**
Ocuparse **con, en, de**
Olvidarse **de**
Pensar **en, sobre,**
Prestarse **a**
Reflexionar **sobre**
Relacionarse **con**
Renunciar **a**
Responder **a, con, del, por**
Saber **a, de**
Tratar **con, de, sobre**
Tratarse **de**

SINONIMIA, POLISEMIA Y ANTONIMIA

La sinonimia consiste en que un mismo significado puede ser nombrado por varios significantes, que reciben el nombre de **sinónimos.** Los sinónimos tienen la misma categoría gramatical y la misma significación, sólo se diferencian por su composición fonológica: *mensaje, misiva, recado,* son sinónimos entre sí, los tres se refieren a un mismo concepto, la única diferencia que presentan es su significante.

Los sinónimos perfectos o absolutos son muy raros en la lengua común, ya que pueden cambiar de significado en un contexto determinado. Por lo tanto, sólo consideraremos sinónimos a aquellas palabras que puedan sustituirse por otras en cualquier contexto sin que cambie su valor.
La sinonimia total sólo se da en el lenguaje científico: *dentista, odontólogo; aeroplano, avión.*

La polisemia se da cuando un significante presenta diversos significados. Es, por lo tanto, lo contrario de la sinonimia: ***mano:*** *extremidad corporal / de pintura / de juego / lado...*

La polisemia puede hacer que surjan ambigüedades y confusiones en cuanto al significado de las palabras, de ahí la importancia que adquiere el contexto para la precisión del significado.

Muy cerca a la polisemia está **la homonimia**, ya que ambas pertenecen al mismo caso de significación múltiple: un significante con varios significados. La homonimia se produce cuando dos palabras de la misma lengua tienen una grafía o pronunciación semejantes, aunque en su origen fuesen distintas. Por lo tanto, no guardan ninguna relación entre sí en cuanto a su significado.

La homonimia puede ser parcial, en cuyo caso, además de la diferencia semántica, también aparece la diferencia gramatical: *cavo* (verbo cavar), *cabo* (sustantivo, accidente geográfico).
Cuando la homonimia es absoluta, sólo aparece la diferencia semántica: *hierro* (mineral), *yerro* (equivocación).

Cuando dos palabras homónimas presentan identidad ortográfica, se dice que son homógrafas: *llama* (de fuego), *llama* (animal).

La antonimia es la oposición de dos significados. Se dan dos tipos de antónimos: los gramaticales, que se forman generalmente con la ayuda de prefijos: *conocer / desconocer.* Y los antónimos lexicales, en este caso son antónimos absolutos: *siempre / nunca, antes / después, juventud / vejez.*

EJERCICIOS

1. Complete los espacios en blanco con el verbo *ser* o *estar*, según corresponda:

— La construcción de las viviendas de protección oficial .... en fase avanzada.

— Esperamos que la mercancía .... en nuestro poder antes del próximo día 24.

— El demandante .... mayor de edad y vecino de Valladolid.

— Para nosotros .... muy grato recibir sus noticias.

— Les rogamos que pongan el mayor cuidado, ya que el vidrio .... muy frágil y podría romperse.

— Nuestro establecimiento .... cerrado durante el mes de agosto.

— La nueva sede .... ubicada en un edificio de moderna construcción.

— No .... bueno que devuelvan las facturas sin pagar.

— Los vidrios de las ventanas .... muy sucios, ya que la empresa encargada de su limpieza ha quebrado.

2. Complete los espacios en blanco con las preposiciones adecuadas:

— El contratante se obliga .... regular el suministro .... agua y energía eléctrica .... pie .... obra, ... la ejecución .... estos trabajos. Los gastos .... maquinaria y personal .... paro, ... el caso .... que se interrumpiera los trabajos, también serán .... cuenta del contratante.

3. Coloque los verbos que van entre paréntesis en el tiempo concreto:

— Cuando .... (recibir) su carta, ya .... (comenzar) la fabricación de su pedido.
— Nos .... (pedir) que les .... (enviar) lo antes posible la programación para la nueva temporada.
— Los trabajos de instalación .... (durar) aproximadamente cuatro semanas.
— Esperamos que esta oferta .... (ser) de su interés.

4. Complete las siguientes frases con la preposición que falta:

— Todos los asuntos, que han sido discutidos en la última asamblea general, constan .... acta.
— Una vez más, insistimos .... el mismo asunto de siempre: no retrasen los envíos.
— Nos alegramos mucho .... que la operación haya concluido con éxito.
— Después de reflexionar largamente, se decidieron .... contratar al primer candidato de la lista.
— No sabían que se trataba .... un trabajo tan complicado.
— Confiamos .... que la próxima vez no se vuelvan a repetir las mismas anomalías.
— Somos una empresa que se dedica .... la edición de folletos y guías turísticas.

5. Relacione las palabras de las dos columnas que sean sinónimos:

patente	congreso
instruir	ocasión
asamblea	marca
afirmar	convenio
moderar	enseñar
oportunidad	frágil
pacto	asegurar
quebradizo	aplacar

6. **Ponga el verbo que va entre paréntesis en el tiempo correcto:**

— Con fecha 7 de enero, ... (recibir) las últimas novedades.

— A partir del lunes, nos .... (visitar) el técnico alemán.

— Si tuviera alguna duda, le ruego que me .... (llamar) por teléfono.

— Nos dijo que ya lo .... (enviar) por correo la semana pasada.

7. **Responda *Verdadero* o *Falso* a las frases siguientes:**

	V	F
a) El presente es una de las formas compuestas del verbo.		
b) La polisemia se da cuando un significante tiene diversos significados.		
c) El verbo *ser* es el verbo de lo intemporal, de lo circunstancial.		
d) El futuro expresa una acción que va a suceder.		
e) *Estar* lo usamos cuando pensamos que la realidad es un estado con carácter transitorio o definitivo.		
f) La preposición *en* indica posesión o pertenencia.		

8. **En las frases siguientes hay algunos errores. Escríbalas correctamente:**

— Esa persona está muy estimada por todos sus compañeros.

— Su trabajo está muy bien hecho.

— Esta mañana hace un día radiante, el cielo es azul, no hay ni una nube.

— Antonio es tan alto que llama la atención por la calle.

— No parece que seas muy contento con las últimas noticias.

— Los precios son tan bajos que no tienen competencia.

9. **Escriba una frase con cada una de las locuciones prepositivas que van a continuación: *junto a, alrededor de, encima de, dentro de, frente a.***

10. **Escriba los antónimos de las palabras que van a continuación:**

claro
malo
satisfecho
corto
rápido
conocido
brillante
alto
principio

5 ORTOGRAFÍA

El acento. Empleo de las mayúsculas y minúsculas. División silábica en español

EL ACENTO

- El acento es la mayor intensidad con que se pronuncia una sílaba en relación con las que forman con ella la palabra. Esta sílaba recibe el nombre de sílaba tónica.

- La mayoría de las palabras en español llevan acento en una sílaba y reciben el nombre de palabras tónicas. Como, por ejemplo, los sustantivos (*carta, mesón*), los adjetivos (*defectuoso*), los verbos (*escribirán, enviar*), los adverbios (*mucho*), los pronombres personales tónicos (*él*), posesivos pospuestos (*el cuaderno es suyo*), demostrativos (*escriba esa carta*), exclamativos (*¡cuánto tarda!*), interrogativos (*¿cuándo llegarás?*), los numerales (*tres*), aunque no se acentúan los numerales compuestos.

- En español hay pocas palabras sin acento o palabras átonas. Como el artículo determinado (*el pago*), las preposiciones (*para pagar*), las conjunciones (*facturas y albaranes*), los pronombres átonos (*se recibe bien*), los posesivos apocopados (*mi libro*), los relativos (*el libro que le regalé*), la primera parte de los numerales compuestos (*cuatro mil*).

- Según la posición de la sílaba acentuada o tónica las palabras se clasifican en:

1. **Agudas,** cuando el acento recae en la última sílaba. Ejemplos: *salí, papel, ferrocarril.*
2. **Graves** o **llanas,** cuando la sílaba tónica es la penúltima. Ejemplos: *árbol, carta, repuesto.*
3. **Esdrújulas,** cuando la sílaba tónica es la antepenúltima. Ejemplos: *válvula, águila, sílaba.*
4. **Sobreesdrújulas,** en que la sílaba tónica es anterior a la antepenúltima. Ejemplos: *escríbamelo, dígaselo.*

- El **acento ortográfico:** El acento se expresa ortográficamente por un signo llamado tilde que se coloca encima de la vocal de la sílaba acentuada. Las reglas para el empleo del acento ortográfico son las siguientes:

1. Las palabras agudas llevan tilde cuando terminan en vocal o en consonante **n** o **s.** Los monosílabos no se acentúan, excepto cuando llevan acento diacrítico. Ejemplos: *adquirí, jardín, canción.*
2. Las palabras graves o llanas llevan tilde cuando terminan en consonante, excepto si es **n** o **s.** Ejemplos: *cárcel, árbol, lápiz.*
3. Las palabras esdrújulas y sobreesdrújulas llevan tilde siempre. Ejemplos: *resúmenes, lámina, físico, adviértasele.*

- **Acentuación de diptongos y triptongos:** Si el diptongo precisa acento, según las reglas generales de acentuación, éste irá sobre la vocal más abierta. Ejemplos: *mandáis, huésped.*

Cuando el diptongo está formado por las vocales **ui** o **iu,** la tilde se coloca sobre la última vocal. Ejemplos: *atribuí, cuídalo.*

Si el triptongo precisa acento, según las reglas generales, lo lleva sobre la vocal abierta. Ejemplos: *actuáis, confiáis.*

Cuando dos vocales van juntas, pero pertenecen a sílabas diferentes, forman un **hiato,** llevando la tilde sobre la vocal más cerrada. Ejemplos: *puntué, debía, sonría.*

- El **acento diacrítico:** Sirve para diferenciar dos valores distintos en aquellos monosílabos que presentan la misma forma:

dé (del verbo dar): *dé usted la orden.*
de (preposición): *carta de pago.*
él (pronombre): *él llegó tarde.*
el (artículo): *el último pedido.*
más (adverbio de cantidad): *recaudan más impuestos.*
mas (conjunción adversativa): *mas, no habían empezado...*
mí (pronombre personal): *el libro es para mí.*
mi (posesivo): *mi padre.*
qué (interrogativo o exclamativo): *¿qué quieres?*
que (relativo o conjunción): *el cuaderno que compré.*
quién (interrogativo o exclamativo): *¿quién vino?*
quien (relativo): *trabajo con quien quiero.*
sí (afirmación): *dijo que sí.*
si (conjunción condicional): *si se deciden, iremos.*
sé (verbo saber o ser): *sé que llegarán.*
se (pronombre): *se lo dijo.*
té (sustantivo): *le gusta mucho el té.*
te (pronombre personal): *te lo repito.*
tú (pronombre personal): *te lo llevarás tú mañana.*
tu (posesivo): *tu bolígrafo.*

Otras palabras que no son monosílabas también llevan acento diacrítico. **Aún** (cuando equivale a todavía): *¿Aún no han llegado?,* en este caso es bisílaba. Cuando tiene valor de hasta, también, inclusive, no lleva acento y, por lo tanto, sigue siendo monosílaba: *Aun cuando no quieran, lo recibirán.*

Sólo lleva tilde cuando es adverbio (equivale a solamente). No la lleva cuando es adjetivo: *Estuve solo en vacaciones* (sin compañía). El adverbio **sólo** se acentúa únicamente cuando puede crear confusión en la oración, pero no se considera falta de ortografía si no lleva la tilde. Los demostrativos no se acentúan cuando van en función de determinante: *Hay que resolver ese caso.* Sin embargo, pueden llevar tilde cuando funcionan como pronombres: *Ése es el mejor de todos* o *Ese es el mejor de todos.* Los demostrativos **esto, eso, aquello,** no se acentúan nunca.

La conjunción **o** tiene que llevar tilde cuando va colocada entre cifras, para evitar que se confunda con el número 0: *Trajeron 4 ó 5 muestras.*

Algunas palabras que pueden tener valor interrogativo o exclamativo, llevan tilde para distinguirse de aquellas que, teniendo la misma forma, no presentan el mismo significado:

cuándo: *¿Cuándo sales? / Cuando termine de trabajar.*
cómo: *¿Cómo lo hiciste? / Como me lo habían explicado.*
cuánto: *¡Cuánto lo he pensado! / Nos enviaron cuanto pedimos.*
donde: *¿Dónde se encuentran? / No sabes donde están.*

• En las palabras compuestas, es decir, las que están formadas a partir de dos o más palabras, se pueden dar varios casos:

1. En los compuestos perfectos, pierde la tilde la primera palabra de éste, si la llevaba cuando era simple: *decimoséptimo, asimismo.*
2. Los adverbios terminados en **-mente** conservan la tilde si la llevaban en el componente adjetivo: *fácilmente, rápidamente.*
3. Los compuestos no perfectos, es decir, que van unidos por un guión, mantienen el acento que les corresponde como palabras simples: *político-administrativo, médico-quirúrgica.*
4. Los compuestos formados a partir de formas verbales y pronombres enclíticos mantienen la tilde de la forma verbal original, y en el caso de que el compuesto resultase esdrújulo o sobresdrújulo, también se acentúa: *acogíme, infórmale.*

• Como ya se ha visto anteriormente, el acento posee un valor diferencial, de tal manera que el cambio de posición del acento puede dar lugar a importantes variaciones de significado dentro de la palabra, según vaya colocado en una sílaba o en otra. Ejemplos: *depósito, deposito, depositó; límite, limite, limité.*

EJERCICIOS

1. Acentúe adecuadamente los textos que van a continuación:

a)

CONDICIONES DE VENTA

Maderas del Norte, S. L., pasara factura una vez entregada la mercancia; negociara un efecto con vencimiento a 30, 60 o 90 días fecha de factura mediante letra aceptada. Incluso en aquellos casos en los que no se enviase la totalidad del material por indicación expresa del constructor.

La mercancía viajara por cuenta y riesgo del comprador, siempre que en el precio no este comprendida la colocacion por nuestro personal. En el caso de que las puertas fueran colocadas por nosotros, en el precio tambien esta comprendido el transporte a pie de obra.

El hecho de cursarnos pedido implicara la completa conformidad con las condiciones anteriormente expuestas.

Las partes contratantes se someteran a la competencia de los jueces de Gijon, para cuanto se pueda derivar del presente presupuesto y pedido.

b)

Compañía Española de Seguros
«La Previsora Universal»

Capital suscrito .... Ptas. 500.000.000
Capital desembolsado ...... Ptas. 500.000.000

La Compañia Española de Seguros «La Previsora Universal», S. A., y en su nombre Mariano Fernandez Sanchez, con poderes suficientes para obligarle en este acto

AVALA

en los terminos y condiciones generales establecidos en la Ley de Contratos del Estado y especialmente en el artículo 375 de su Reglamento, a POZOS Y REGADIOS, S. A.

ante el EXCMO. AYUNTAMIENTO DE VILLALIBRE (LEON)

por la cantidad de CUATROCIENTAS MIL PESETAS (400.000) en concepto de fianza definitiva para responder de las obligaciones derivadas de la ejecucion del contrato de «Sondeo artesiano para el abastecimiento de agua en Valdesantos».

Este aval tendra validez en tanto que la Administracion no autorice su cancelacion.

Leon, a 15 de septiembre de 1990.

c)

Sr. Director-Gerente
D. Alberto Palomares

Confirmando nuestra conversacion telefonica, le envio copia de nuestro cuestionario normalizado para que me lo devuelva completo con las respuestas debidas, a fin de preparar nuestro informe lo antes posible.

En caso de alguna duda, le ruego que me llame por telefono entre las 11 y las 15 horas.

Alfredo Gutierrez
Consejero-Delegado

---

d)

Sr. Jefe de mantenimiento
D. Antonio Palacios

Con fecha 7 de enero hemos recibido las ultimas adquisiciones de tecnologia de vanguardia en el campo de la transferencia de oxigeno en aguas, asi como en el de la filtracion de todo tipo, incluso gases y liquidos diversos. Le recuerdo que a partir del lunes proximo estara con nosotros el tecnico aleman que envia la casa suministradora para resolver cualquier duda que pudiera surgir.

Luis Fernandez
Gerente

---

2. Acentúe correctamente las palabras siguientes, justificando las respuestas:

pagare
obligacion
navio
plusvalia
credito
operacion
prestamo
depresion
liquido
devaluacion
mercancia
interes
distribucion
suscripcion
garantia
clausula
telex

3. Acentúe convenientemente las frases siguientes, señalando a qué acepción de las estudiadas corresponden:

— Aun cuando no hayan llegado todas las mercancias, abriremos el dia primero.

— ¿Donde figura la fecha de emision de la factura?

— Le han concedido el credito, por lo cual puede empezar a trabajar.

— ¿Cual de los dos pedidos le urge mas?

— Mas no habian comenzado a pagar las facturas, cuando la empresa quebro.

— ¡Cuando haran efectivos sus pagos!...

— Aquello fue la razon por la cual llego tan deteriorada la mercancia.

— Les enviaremos un telex como en ocasiones anteriores.

— ¿Como nos giraran las letras, a 30, 60 o 90 dias?

— No se como resolver el problema del transporte del material.

— Se autoriza al secretario para realizar las operaciones, si fuera necesario.

— Dijo que si, que ya lo habia enviado

EMPLEO DE MAYÚSCULAS Y MINÚSCULAS

Se escribe con inicial mayúscula la primera palabra de un escrito o cuando va después de punto.

También los nombres propios. Los atributos divinos, los títulos y nombres de dignidad *(Duquesa de Alba, Sumo Pontífice)*, los nombres y apodos con los que se designa a personas determinadas *(Jaime el Conquistador, Reyes Católicos)*.

Los tratamientos, especialmente cuando van en abreviatura. Cuando usted se escribe sin abreviatura debe ir con minúscula *(Sr. D.; Ilmo. Sr.; Ruego a usted).*

Los sustantivos comunes de dignidad, jerarquía o cargo, cuando se refieren a personas concretas *(El Presidente del Tribunal Supremo)*; pero se escriben con minúscula cuando se usan de una manera genérica *(Se reunieron los presidentes de los países miembros)* o cuando llevan apuesto el nombre de la persona a la cual se refieren *(El Presidente González).*

Los títulos de las obras *(Tratado de Economía).*

Los nombres colectivos que designan instituciones o grupos *(la Real Academia Española, el Ministerio de Economía y Hacienda).*

La numeración romana *(MDCCCVIII).*

EJERCICIOS

4. Escribir las mayúsculas que corresponden en los textos siguientes:

a)

agrupacion orquestal santa cecilia
villanueva de la cañada (madrid)

el pleno de esta agrupación, en sesión de 22 de noviembre último, por unanimidad y de conformidad con lo dictaminado por la comisión de cooperación y acción musical, acordó aprobar la concesión de:

«la medalla del mérito artístico», en su calidad de oro, al excmo. sr. alcalde del ayuntamiento de nuestra ciudad, en reconocimiento a la labór desarrollada por él mismo en el campo de la actividad musical.

villanueva de la cañada, 30 de noviembre de 1989.

el secretario

b)

muy señores nuestros:

nos dirigimos a ustedes para comunicarles que nuestro delegado en la zona centro, d. josé antonio núñez díez, cesó voluntariamente en suministros electrónicos, s. a. el pasado día 15, fecha en la que quedó extinguida la relación laboral que lo unía con nuestra empresa.

aprovechamos esta ocasión para confirmarles que continuamos a su disposición en nuestras delegaciones de san sadurní de noia (barcelona), coslada (madrid), dos hermanas (sevilla) y las palmas de gran canaria, que contribuirán a mantener y mejorar en lo posible el servicio que hasta la fecha hemos venido prestando a nuestros clientes.

atentamente les saluda

suministros electrónicos, s. a.

DIVISIÓN SILÁBICA EN ESPAÑOL

La sílaba es el conjunto de fonemas que se emiten de un solo golpe de voz; es la unidad fonética mínima del habla, ya que pronunciamos sílabas y no fonemas. La sílaba tiene que contar al menos con una vocal, porque las consonantes no pueden sonar solas.

Las sílabas pueden ser abiertas, esto ocurre cuando el último fonema es vocálico. Ejemplo: *due-ño.*

Decimos que son cerradas cuando el último fonema es una consonante. Ejemplo: *con-tar.*

Una consonante que se encuentre en posición intervocálica forma sílaba con la vocal que le sigue. Ejemplo: *te-má-ti-co.*

Cuando hay dos consonantes juntas en posición intervocálica, van la primera con la vocal que le precede y la segunda con la vocal que le sigue. Ejemplos: *car-ta, con-fir-mar.*

Si aparecen tres consonantes en posición intervocálica, las dos primeras se unen a la vocal anterior y la última a la vocal posterior. Ejemplo: *cons-tar.*

Dos vocales seguidas en la misma sílaba forman un diptongo; las vocales serán dos cerradas **(i-u),** o bien una abierta o media y otra cerrada **(ai-ei-oi-au-eu-ou).** Ejemplos: *mue-res, bie-nes, au-la.*

Tres vocales seguidas en una sola sílaba forman un triptongo: la vocal media o abierta va en el centro y las dos cerradas a los lados **(uei-uai-uau-ueu-iai-iei).** Ejemplos: *a-ve-ri-guáis, ac-tuéis.* Tanto los diptongos como los triptongos forman una sola sílaba y, por tanto, no pueden separarse.

Cuando dos vocales abiertas o medias van seguidas forman un hiato, dando lugar a dos sílabas diferentes. Ejemplos: *o-bo-e, a-é-re-o.* Cuando una de las dos vocales del hiato es cerrada tiene que llevar tilde para indicar que no hay diptongo. Ejemplos: *ve-ní-a, des-ví-o.*

EJERCICIOS

5. Separe las sílabas de las palabras que van a continuación:

velocidad	excelencia
conocimiento	atraería
administración	cuadrado
norte	referencias
impuesto	tangente
remesa	

6. Separe las sílabas de las palabras siguientes señalando cuándo es diptongo, triptongo o hiato:

desvío	tenéis
pierna	antiguo
oboe	veíamos
averigueis	vendió
virrey	buey
actúa	partíamos

7. Construya una frase con cada una de las palabras que van a continuación:

comercial: ....
mecanografiado: ....
mercancía: ....
reclamación: ....
calidad: ....
persianas: ....
característica: ....
empresa: ....

8. Separe las sílabas de las palabras del ejercicio anterior, prestando especial atención a los grupos consonánticos.

9. Responda *Verdadero* o *Falso* a las siguientes afirmaciones:

	V	F
a) Dos vocales abiertas o medias que van seguidas forman un hiato.		
b) Decimos que una sílaba es cerrada cuando su último fonema es una vocal.		
c) La sílaba tiene que contar por lo menos con una vocal.		
d) Cuando hay dos consonantes juntas en posición intervocálica, la primera va con la vocal que le precede, y la segunda, con la que le sigue.		

II
La carta comercial

La carta es la comunicación comercial más empleada, tanto por el espacio del que dispone para la comunicación como por su bajo coste económico. En cuanto a su redacción, tiene que reunir las características de: claridad, precisión, agilidad, persuación y prudencia (explicadas ya en el epígrafe I de este manual). La presentación tiene gran importancia, ya que debe producir una impresión grata (es intolerable una carta comercial con tachaduras, no olvidemos que la carta representa a quien la envía). Generalmente las cartas comerciales van escritas a máquina, salvo algunas excepciones que tienen una finalidad publicitaria.

6 ESTRUCTURA DE LA CARTA COMERCIAL

La carta comercial responde siempre a una forma preestablecida que contribuye a darle una mayor claridad. Su esquema es el siguiente: encabezamiento, cuerpo de la carta y cierre o complementos.

EL ENCABEZAMIENTO

Abarca la parte superior del papel y en él encontramos los siguientes apartados:

- Membrete.
- Fecha.
- Dirección interior.
- Asunto u objeto.
- Referencia.
- Línea de atención.
- Saludo.

EL MEMBRETE

Va impreso en la parte superior del papel, incluye el nombre de la compañía y alguna indicación sobre la ocupación de ésta, la dirección postal y telegráfica, el número de teléfono y del télex. Algunos membretes incluyen también el logotipo o anagrama de la empresa, a través del cual se identifica más fácilmente a la misma. Cuando el membrete no viene impreso se coloca el nombre y dirección del que escribe en la parte superior derecha de la página.
Ejemplo:

MIRALDA, S.A. – Moda joven –
Rambla de Cataluña, 45
54002 BARCELONA
Tels. 345 56 33 (3 líneas)
Telegramas IRALD
Télex 76545 IRALD

LA FECHA

Se pone debajo del membrete, generalmente en la parte derecha del papel. En español se escribe primero el día en cifras, a continuación la preposición **de** seguida del nombre del mes en minúscula, de nuevo la preposición **de** y por último el año. Ejemplo: *27 de mayo de 1989.*

LA DIRECCIÓN INTERIOR

Es la misma dirección que aparece en el sobre; se escribe debajo de la fecha, pero en el margen izquierdo. En el caso de que la carta vaya dirigida a una persona individual, el tratamiento se escribe en abreviatura, siempre con mayúsculas, a continuación el nombre o razón social. En el renglón siguiente se pone el nombre de la calle y el número del local. Inmediatamente debajo, el código postal y el nombre de la ciudad, en el caso de que ésta no fuera capital de provincia, se debe colocar el nombre de la provincia entre paréntesis.

Ejemplo:

Sr. D. Fernando Terradas
Caspe, 73
45032 - MÉRIDA (Badajoz)

ASUNTO U OBJETO

Esta línea expresa el motivo principal de la carta resumido en una o dos palabras. Se emplea para facilitar la clasificación y archivo de la correspondencia; igual que el membrete, también suele ir impreso en el papel.

REFERENCIA

Igual que el anterior, es opcional y suele ir impresa en el papel de correspondencia de las empresas con las siguientes abreviaturas:

s/ref., n/ref., s/escrito, n/ escrito.

Junto a estas abreviaturas se escriben, con mayúsculas, las iniciales del nombre y apellidos de la persona que ha dictado la carta y, con minúsculas, las de la persona que la escribió a máquina. A continuación y separado por una barra suelen ir unas cifras y letras que corresponden a un código de archivo. Cuando la empresa dispone de un sistema informático se utiliza solamente una combinación de letras y cifras.

LÍNEA DE ATENCIÓN

Sirve para que la carta llegue al departamento o a la persona encargada, o en caso de ausencia a quien lo hubiera reemplazado en el puesto.

EL SALUDO

Las expresiones rebuscadas y extensas han caído en desuso para dejar su lugar a otras más sencillas y personales, como:

- *Señor / Señores.*
- *Muy señor mío / Muy señores míos.*
- *Distinguido señor / Distinguidos señores.*
- *Estimado señor / Estimados señores.*

La primera de las fórmulas es la más empleada actualmente y la que tiende a sustituir a las demás. Por último, no debemos olvidar que en el saludo no se suelen emplear abreviaturas.

EJEMPLO DE ENCABEZAMIENTO

MICRODISC, S.A. - MATERIAL INFORMÁTICO -
Príncipe de Vergara, 345
Teléf. 876 56 00 - Télex 54016 MIC
38020 MADRID

3 de abril de 1989

ESPACIO 5.000, S. A.
Jaén, 43
72001 SEVILLA

Asunto: envío deficiente.
s/ref. 040/AJ-7 n/ref. 780/27M

(A la atención de: D. Fernando Martín)

Señores:

CUERPO DE LA CARTA

Es la parte más interesante de la misma; aquí adquieren gran importancia las características estudiadas anteriormente, ya que deben reflejarse en la redacción del texto (claridad, precisión, agilidad, persuasión y prudencia).

El mensaje estará expresado con orden y claridad, de tal manera que se entienda a primera vista por el lector.

El texto debe ser breve, sin frases rebuscadas ni repeticiones absurdas, con un estilo natural y sencillo, pero a la vez prudente y cortés hacia el cliente.

La introducción de la carta se redacta con las fórmulas habituales:

- *En contestación a su carta de fecha...*
- *Nos es grato comunicarles...*
- *Nos vemos en la necesidad de manifestarle que...*
- *Por la presente queremos informarles de...*

Una vez hecha la introducción, pasaremos a desarrollar la idea principal, con la claridad de la exposición ya mencionada, y terminaremos con la conclusión de la misma.

(Para una mayor información sobre fórmulas empleadas en la redacción de las cartas, consultar el apartado correspondiente a **fórmulas**).

CIERRE O COMPLEMENTOS

Constituye el final de la carta y está formado por:

- Despedida.
- Firma.
- Nombre del responsable de la carta.
- Cargo o título del que la firma.
- Iniciales de identificación.
- Anexos o adjuntos.
- Indicación de si se envían copias a otras personas.
- Posdata.

La despedida, igual que el saludo, se redacta con fórmulas sencillas y cortas que generalmente se unen al último párrafo.
Ejemplos:

Quedamos a su disposición y les saludamos muy atentamente.
En espera de sus noticias, les saludamos atentamente.

Después viene la firma que le da autenticidad a la carta, y unos renglones más abajo el nombre del responsable de la misma; en algunas empresas se pone el cargo del que firma la carta y, sin embargo, se omite su nombre.

Junto al margen izquierdo y después de la firma, van en mayúsculas las iniciales del firmante y en minúsculas las del que ha mecanografiado la carta. Cuando esta información ya se ha dado en las referencias del encabezamiento, aquí se suprime.

Los anexos o adjuntos se ponen para indicar que junto con la carta se envían otros documentos, tales como: letras, facturas, talones, etc. La línea que indica si se envían copias a otras personas es optativa y sólo se pone en el caso de que sea necesaria.

Por último, la posdata, no es conveniente usarla, ya que el mensaje de la carta comercial debe ir comprendido en el cuerpo de la misma; ahora bien, en el caso de que en el último momento surgiera algún hecho complementario, o si se quisiera llamar la atención de una manera especial, se escribe poniendo las iniciales P.D. o P.S.

EJEMPLO DE CIERRE

Sin otro particular, aprovechamos la ocasión para saludarles muy atentamente.

ESPACIO 5.000, S. A.

GERENTE

ML/cp
Anexo: 1 factura.
P.D. Enviamos una copia del responsable del transporte.

EJEMPLO DE CARTA COMERCIAL

EUROINFORMÁTICA, S.A.

Príncipe de Vergara, 8 28008 MADRID. Teléf. 432 67 00

26 de abril de 1989

Sr. D. Fernando Balboa
Santa Engracia, 10
38003 MADRID

ASUNTO: Formación.

s/ref. s/escrito n/ref. FV3/M4A... n/escrito

(A la atención de: D. Antonio González)

Muy señor mío:

Tenemos el gusto de ofrecerle nuestro nuevo programa de formación informática. Para ello le enviamos el profesor a su propia empresa, así sus empleados aprenderán a manejar los ordenadores en su propio ambiente, con sus propios formularios y con documentos auténticos.

Los sistemas que le ofrecemos son los siguientes: MS-DOS, Open Access, Bases de Datos, Tratamientos de textos con Display Write 3-4 y Multitexto.

Estos sistemas no precisan de conocimientos previos y se desarrollan en veinte horas, excepto el Open Access. Nuestras clases son intensivas de lunes a viernes, incluyendo manuales, disquetes y consultas telefónicas posteriores a la finalización del curso.

Tenemos una gran experiencia, acreditada por la enseñanza a las mejores empresas y entidades financieras del país, ya que poseemos una extensa red nacional.

Adjunto le enviamos la lista de precios y horarios en vigor hasta el 30 de diciembre.

Esperando que nuestra oferta sea de su agrado, le saludamos atentamente.

Fdo. Luis Calvo
Director-Gerente

MG/lf
Anexo: Lista de precios.

EJERCICIOS

1. Redacte el encabezamiento de una carta con los datos que se dan a continuación:

- Membrete: Perfilaluminio, S.A.; calle: Barceló, n.° 72; ciudad: Palencia; código postal: n.° 71021; número de teléfono: 54 62 33; número de télex: 42390 PERF E.
- Dirección interior: Residencial «Los Sauces»; calle: Padre Claret, n.° 12; ciudad: Zaragoza; código postal: n.° 65004.
- Asunto: Abono de factura.
- Línea de atención: Administrador.
- Saludo: Señores.

2. **El encabezamiento siguiente está estructurado erróneamente. Corregirlo exponiendo las razones pertinentes:**

Papelerías Unidas, S. L. - Barcelona - 67032.
Tel. 234 54 33. 65, Vía Layetana. Télex 54611
PAUN E
Asunto: Pedido urgente.
Madrid, 5 de julio
Sr. D. Mariano Galván
38003 Madrid
Serrano, 232

Muy señores míos:

3. **Responda *Verdadero* o *Falso* en las frases siguientes:**

	V	F
a) La línea de atención sirve para destacar la dirección de la persona a la que va dirigida la carta.		
b) El encabezamiento abarca la parte superior del papel.		
c) El saludo va impreso en el papel de las cartas.		
d) Para escribir la fecha en las cartas comerciales se emplea preferentemente la numeración romana.		
e) El asunto es una línea que expresa el motivo principal de la carta resumido en una o dos palabras.		
f) La fórmula Señor/Señores, es la más empleada en el saludo.		

4. **Escriba los sinónimos de las siguientes palabras:**

despedida
calle
asunto
complemento
información
adjunto
idea
mensaje
principal
indicación

5. **Complete el cierre de la carta que va a continuación, rellenando los espacios en blanco:**

En espera de ....
....

....
....

..... / .....
...........:...........................

6. **Escriba el adjetivo apropiado en cada una de las frases siguientes:**

— Disponemos del .... programa de contabilidad informática.

— Nuestra experiencia es muy .... y está demostrada por diez años de docencia.

— Los precios son tan .... que no tienen competencia.

— La informatización es totalmente ....
.............., por lo tanto, las respuestas serán absoluto secreto.

— Esperamos poder llevar a .... término estas negociaciones.

TIPOS DE CARTAS

Las cartas comerciales las podemos clasificar en diferentes tipos, cada uno de éstos corresponderá al asunto del que trate la carta. Los más empleados son los siguientes:

- de solicitud
- de acuse
- de pedido
- de presentación
- de reclamación
- de quejas
- de relaciones con la banca
- de relaciones con las compañías de seguros
- de relaciones con los servicios públicos

CARTAS DE SOLICITUD

Pueden tener diferentes características, según del tipo que sea la información solicitada:

a) Cuando solicitamos información de tipo comercial o industrial.

b) Cuando lo que se solicita es un puesto de trabajo.

c) Cuando una empresa pide informes sobre una persona a la que va a contratar.

HISPANA CONSULTORES, S.A.
Paseo de la Castellana, 3
38040 MADRID - ESPAÑA
Tel. 543 23 21 - Télex 87654 HISP E

Sr. D. Fernando Martín
Alameda, 65
54001 HUELVA

20 de mayo de 1990

s/ref. n/ref. ER7/G5E

Estimado cliente:

Nos es grato adjuntarle un formulario de informes que esperamos tenga a bien remitírnoslo debidamente cumplimentado. Esta información nos ha sido requerida por la firma: «Financieros Unidos, S. A.».

Le recordamos, una vez más, que la información es totalmente confidencial y que sus respuestas permanecerán, por tanto, en la más absoluta reserva.

Agradecemos de antemano su colaboración y le enviamos un cordial saludo.

HISPANA CONSULTORES, S. A.

Anexo: Formulario.

ROBINSONES, S.A.
Gestiones y Fusiones
Arenal, 47
38002 MADRID

PAPELERA DEL NORTE, S. A.
Sardinero, 43
67003 TORRELAVEGA (Santander)

24 de julio de 1

(A la atención de D. Fernán Orueta)

Estimado Sr. Orueta:

Confirmando nuestra conversación telefónica, envío una copia de nuestro cuestionario normali do para que, si es tan amable, nos lo devuelva más brevemente posible, con el fin de prepar nuestro informe y traer al probable comprador a paña para que entre en contacto con ustedes.

También incluyo la carta formato que cubre nue tra comisión en caso de llevar a feliz término est negociaciones, rogándole que me la devuelva por d plicado debidamente firmada y sellada.

A la espera de sus gratas noticias, le saluda ate tamente.

Antonio Guzmán
Director

En cualquiera de los tres casos anteriores la carta tiene que estar redactada con habilidad para que resulte atractiva, pero a la vez tiene que ser totalmente objetiva y aportar datos concluyentes que lleven a buen término el asunto del cual tratan.

En el primer caso, es bastante frecuente solicitar la información mediante un cuestionario al que únicamente acompaña una carta explicativa.

Cuando se escribe para solicitar un puesto de trabajo es conveniente hacerlo a mano y no mecanografiado; proporcionando los datos solicitados, pero sin excederse. Ésta debe ser una carta interesante, porque en el caso contrario fácilmente terminará en el cesto de los papeles.

Por último, cuando se piden informes de una persona se debe hacer de una manera discreta y prudente; señalando que el contenido será confidencial; aclarando si se hace por indicación del interesado o no. El texto debe ser claro y sin ambigüedades.

EJERCICIOS

1. **Redacte tres cartas contestando a las de solicitud que van anteriormente como modelo.**

2. **Escriba los sinónimos de las siguientes palabras:**

saber
normal
cordial
término
nuevo
calidad
acuerdo
emblema
adquirir
posible
solicitud
mensajero
legítimo
corriente

CARTAS DE SOLICITUD

Almacenes Villagrande
Apartado 3.421
65402 ORENSE

15 de abril de 1989

Señores:

Me dirijo a ustedes en relación con el anuncio publicado en el diario El PAÍS del día 14 de abril, en el que solicitan empleadas-vendedoras.

Les ofrezco mis servicios para cubrir dicho puesto, ya que considero que reúno las condiciones exigidas.

Tengo en la actualidad 25 años, y una experiencia de tres años ininterrumpidos como vendedora en los Almacenes El Sol, donde pueden dirigirse ustedes para recabar informes sobre mis aptitudes y comportamiento.

Quedo en espera de sus noticias y les saludo atentamente.

María Gutiérrez

3. **Redacte una carta de solicitud del tipo c) con los siguientes datos: La empresa «Informática SOFT» pide informes a «ASESORES 2.000» sobre la capacidad profesional, el rendimiento laboral y la seriedad de D. José García Pinar, al cual piensa contratar para un puesto de Técnico de sistemas operativos que está vacante; hay que tener en cuenta que D. José García ha trabajado anteriormente en una empresa dedicada a la informática, en un puesto de responsabilidad.**

4. **Coloque el acento en las palabras que lo necesiten, razonando la respuesta:**

omitir
indicacion
obtendra
responsabilidad
satisfaccion
habia
cronica
causa

5. **De entre las siguientes frases, escoja aquellas que son más adecuadas para las cartas de solicitud:**

— Nos dirigimos a usted para manifestarle nuestro interés en la compra de unos terrenos.

— En espera de sus prontas noticias, le enviamos un cordial saludo.

— En contestación a su atento escrito, nos es grato comunicarles que la persona sobre la cual nos piden informes goza de un gran prestigio profesional.

— Acusamos recibo de su orden de suscripción y le expresamos nuestro agradecimiento.

— Me dirijo a ustedes en relación con el anuncio publicado en el diario «La Vanguardia».

— Les agradecemos de antemano sus respuestas, y les recordamos una vez más que su información será totalmente confidencial.

— Esperando que sepan ustedes disculpar este equívoco, les saludamos atentamente.

6. **Escriba los antónimos de las siguientes palabras:**

interés
público
antiguo
pronto
rápidamente
anticipación
adquirir
lentitud

CARTAS DE ACUSE DE RECIBO

RENASA
Avda. de Navarra, 43
31002 LOGROÑO

2 de septiembre de 1989

Sr. D. José Balmes
Mayor, 34
43023 OVIEDO

Muy señor nuestro:

Acusamos recibo de su talón del Banco Español de Crédito número 595245 de pesetas 90.853.- (noventa mil ochocientas cincuenta y tres), cuyo importe abonamos en su cuenta como pago por las facturas números 285 y 286 de 22 y 30 de agosto, respectivamente. También le rogamos que nos remita firmados los recibos que le adjuntamos.

Sin otro particular, le saludamos atentamente.

Fdo. Javier Conde
Departamento de contabilidad

Anexo: Dos efectos comerciales y dos recibos.

Perforaciones y Sondeos, S.A.
Genil, 67-38002 MADRID

RIEGOS DE LEVANTE, S.A.
Pelayo, 54
46032 VALENCIA

23 de agosto de 198

Señores:

Tenemos el gusto de acusar recibo a su petición d ofertas para hacer sondeos en el «Aluvial del Río
Hemos estudiado su solicitud con el mayor interé y sentimos tener que comunicarles que no nos e posible ofertar por tratarse de pozos de escasa prc fundidad.
Adjuntamos, para su información, detalle de nues tra maquinaria, y nos ponemos a su disposició para cuanto puedan necesitar.
Les saludamos cordialmente.

Ángel del Olmo
Departamento de sondeos

CARTAS DE ACUSE DE RECIBO

Este tipo de escritos es muy frecuente en cualquier gestión comercial o empresa, ya que mediante estas cartas acusamos recibo de mercancías o géneros; bien para responder a nuestro proveedor comunicándole la correcta recepción de las mismas o bien para hacer las observaciones pertinentes en el caso de que dicha mercancía hubiera llegado hasta nosotros en mal estado, o incluso que rehusamos el envío por las causas aducidas en el escrito.

Otra modalidad es la de acuse de recibo de efectos o valores; en estas cartas es conveniente escribir las cantidades de forma que destaquen y sean fácilmente legibles; indicando, además, claramente el concepto por el cual se abonan las referidas cantidades. En el caso de que fuera necesario hacer alguna operación de sumas o restas para llegar a justificar un saldo, éstas se harán siempre fuera del cuerpo de la carta, bien al margen o al pie de la misma.

EJERCICIOS

7. Redacte una carta de acuse de recibo en la que se piden explicaciones a un proveedor de conservas de pescado, ya que una partida de latas de sardinas en aceite ha llegado deteriorada (las latas están considerablemente abolladas) y con el embalaje roto.

s Domínguez
Soria, 23
HUELVA

7 de julio de 1989

servera del Norte
Novoa, 72
03 VIGO

y señores míos:

abo de recibir, en el día de hoy, el envío realizado r ustedes correspondiente a mi pedido número 132 n fecha de 20 de junio último.

djunto les remito el talón número 5.002.700 del ARCLAYS por la cantidad de pesetas 45.080.— (ciento cuarenta y cinco mil ochenta) ara abonar el saldo total del importe de su factura, al como habíamos acordado previamente.

es ruego que a la mayor brevedad posible me remitan su acuse de recibo y aprovecho la ocasión para saludarles atentamente.

Andrés Domínguez

Anexo: 1 talón del BARCLAYS, n.° 5.002.700

8. Responda *Verdadero* o *Falso* en las siguientes frases:

	V	F
a) La carta de acuse de recibo se emplea para pedir disculpas por no asistir a las reuniones.		
b) En este tipo de cartas las cifras deben ir escritas en números y en letras para evitar posibles confusiones.		
c) Se puede acusar recibo de valores.		
d) Cuando llevan sumas u otras operaciones, éstas se colocan dentro del cuerpo de la carta.		

9. Escriba el significado de las siguientes palabras:

Facturar: ....
Efectos comerciales: ....
Valores declarados: ....
Contabilizar: ....
Bonificación: ....
Extracto de cuenta: ....
Comprobante de ingreso: ....
Saldo de la cuenta: ....

10. Complete las frases con la expresión adecuada de entre las siguientes *(a fin de que, a fin de, a condición de que, a condición de, a fuerza de):*

— Recibimos el pedido .... insistir.

— Les concedieron un crédito .... pudieran pagar las facturas pendientes.

— Enviaron un talón bancario .... cancelar la deuda.

— Les vendieron la mercancía .... mantuvieran los precios establecidos de antemano.

— Podemos hacer la oferta .... reunir todos los requisitos exigidos en la convocatoria.

— Escribieron una carta al banco .... les mandasen el extracto de su cuenta corriente.

11. Lea atentamente las cartas que van a continuación y clasifíquelas según el asunto del cual tratan. Razone la respuesta.

Carta n.º 1:

GRUPO INFORMACIÓN DIRECTIVOS
Pozuelo, 43 - 38006 MADRID
Teléf. 543 22 19 - Télex 34882 GID

7 de abril de 1989

PROMOTORES DE LA CONSTRUCCION, S.A.
Alfonso XIII, 3
28015 MADRID

Señores:

Acusamos recibo de su orden de suscripción, por lo cual le expresamos nuestro agradecimiento.

Adjunto le remitimos la factura correspondiente, por cuyo importe y con esta misma fecha ponemos en circulación el recibo domiciliado, ya que ésta es la forma de pago elegida por ustedes.

Los datos correspondientes a su suscripción son los que se citan al pie de este escrito. Ante cualquier duda o reclamación que precisen hacernos, les rogamos que adjunten la etiqueta que lleva el último ejemplar recibido por ustedes, o en su defecto citen el código de su suscripción; de esta manera les podremos atender con mayor rapidez y eficacia.

Quedamos a su entera disposición y aprovechamos la ocasión para saludarles muy cordialmente.

Martín Fernández
Departamento de suscripciones

ANEXO: Factura de suscripción.

EDICIÓN: INFORMATIVO CONSTRUCCIÓN

CÓDIGO: M 76JV AX3
PERÍODO: enero/91 a febrero/92

Carta n.º 2

AQUATECNOS, S.A.
Vinaroz, 56 - 56003 CUENCA

Sr. D. Manuel Peláez

15 de septiembre de 1989

Vinateros, 38
71004 GUADALAJARA

n/ref. AG/32TR s/ref. M.D./ld

Muy señor nuestro:

Tenemos el gusto de informarle con respecto a la consulta que nos ha formulado sobre la transferencia de oxígeno en aguas, así como de la filtración de todo tipo de gases y líquidos diversos.

El oxígeno lo transferimos desde el simple aportado por compresor o soplante, o bien enriquecido en estado gaseoso o líquido.

Trabajamos con las últimas aportaciones tecnológicas que existen en este campo; desde la toma de muestras, pasando por el desarrollo del proyecto adecuado y concluyendo con el montaje y la definitiva instalación de los equipos específicos.

Para una mejor información le adjuntamos folleto informativo con todas las especificaciones técnicas.

Esperando que estos datos sean de su utilidad, le saludamos atentamente.

AQUATECNOS, S. A.
Director comercial

ANEXO: Folleto informativo.

---

12. Escriba las frases siguientes utilizando el estilo directo:

Ejemplo:
— *Javier nos rogó que le remitiéramos firmados los recibos.*
— *Javier nos rogó: «Remitidme firmados los recibos».*

— REGAL, S.A., nos comunicó que habían recibido nuestra oferta.

....
....

— Conservera del Norte reconoció que no habían abonado las facturas pendientes.

....
....

— Nos dijeron que ante cualquier duda o reclamación no dudásemos en llamarles por teléfono.

....
....

— Fernando Martínez reconoció que se había olvidado de adjuntar a la carta el folleto con las características técnicas de la nueva máquina.

....
....

— La empresa acordó que no harían ninguna oferta para el siguiente concurso.

....
....

13. Complete las frases siguientes con el adjetivo más adecuado:

— Trabajamos con la más .... tecnología que existe en el mercado actual.

— Atenderemos su solicitud con el .... interés.

— Le comunicamos que su instancia ha sido rechazada, ya que no cumple los requisitos .... en la convocatoria.

— Como es habitual, nuestros precios ya están .... desde el 1 de enero del año en curso.

— El boletín informativo que le enviamos servirá para que ustedes tengan una .... información.

— Contamos con la más .... y .... asistencia técnica.

— Les ofrecemos una .... oferta, mucho más ventajosa que la anterior.

CARTAS DE PEDIDO

Su finalidad es la de solicitar una orden o pedido de géneros o mercancías.

Éstos deben estar detallados con precisión para evitar confusiones o ambigüedades en el servicio de los mismos, concretando la forma de envío, el embalaje, la forma de pago junto con sus condiciones y el plazo de entrega.

La exposición de todos estos temas debe ser ordenada y clara, ya que al hacer el pedido se adquiere un compromiso.

En algunos casos las órdenes o pedidos no se hacen por carta, sino que se

CEDROS RESIDENCIAL, S.A.
Abascal, 4 - 1.°
1 ZAMORA

3 de febrero de 1989

OPLAST, S. L.
et. de León, s/n.
21 VALLADOLID

ñores:

enemos a bien pasarles pedido en firme de las
sianas que a continuación se detallan, rogándoles
nos envíen las facturas por triplicado dentro de
diez días de su fecha de emisión, indicando en
s el número de pedido.

persianas modelo TOPACIO .... color marfil, a 725 ptas./m.²
persianas modelo RUBÍ .... color marfil, a 750 ptas./m.²
persianas modelo ÁGATA .... color marfil, a 860 ptas./m.²

l envío se hará por transportes «La Rápida» y
cargo a mi cuenta. El plazo de entrega: entre
atro y cinco semanas después del acuse de recibo
pedido. La forma de pago, como siempre, con una
ra a 90 días.

uedamos a la espera de sus noticias y aprovecha-
s la ocasión para saludarles muy atentamente.

Firmado: Pedro Martín
Administrador

CARTAS DE PEDIDO

GUÍAS Y MAPAS, S.L.
Alvargonzález, 16
35007 PALENCIA

3 de diciembre de 1989

Librería El Brocense
Prim, 82
78002 SORIA

Señores:

Hemos recibido su pedido de fecha 30 de noviembre y tomamos nota del mismo. Con respecto a las fechas de entrega les confirmamos el plazo marcado de 3 (tres) semanas previamente acordado.

Con el deseo de haberles complacido, les saludan

GUÍAS Y MAPAS, S.A.

EURALÚMINA, S.A.
Murillo, 64
65003 SEVILLA

30 de septiembre de 1989

PLOMESTAL, S. A.
La Herrera, 23
74004 VITORIA

Muy señores nuestros:

Les rogamos que se sirvan tomar nota del pedido que a continuación pasamos a detallar:

CANTIDAD	ESPECIFICACIÓN	PRECIO UNITARIO
200 Kg.	Plomo puro en láminas de 0,05 mm.	531
100 Kg.	Plomo puro en láminas de 0,08 mm.	628

El plazo de entrega tendrá como fecha tope el día 15 de octubre de 1989; el envío se hará por ferrocarril para entregar en ésta; los portes, como siempre, serán por cuenta de ustedes; el pago mediante tres letras, con vencimientos a 30, 60 y 90 días.

En espera de sus noticias, les saludamos atentamente.

EURALÚMINA, S.A.
Jefe de compras

redactan en unos impresos o formularios que ya tienen las casillas correspondientes para indicar el número de géneros, tipos, calidades, etc., en cada uno de los casos. Éstos se hacen por triplicado, quedando el original para el comprador, y las otras dos copias, una para el vendedor y otra para el archivo de la empresa.

EJERCICIOS

14. Escriba una carta de pedido con los siguientes datos:

- Supermercados «El Esmero». c/ Alcalá, 12, de Torrejón de Ardoz (Madrid), hace un pedido de 200 cajas de botellas de aceite de oliva (0,4 grados de acidez máxima), a
- Aceitera EL OLIVAR, Polígono San Crisanto, Apartado 5.761, de Jaén.
- Plazo de entrega: 2 (dos) semanas.
- Forma de pago: al contado.
- Observaciones: enviar por Transportes Acevedo (portes pagados).

15. Entre las siguientes palabras, acentúe aquellas que lo necesiten de acuerdo con las reglas generales de acentuación, razonando la respuesta:

continuacion
pedido
envien
vencimiento
emision
ordenes
mercancia
genero

16. Complete los espacios en blanco con la expresión adecuada en cada caso *(tan pronto como, según, siempre que, ya que):*

— Les serviremos el pedido .... contemos con existencias.

— Han devuelto toda la mercancía, ... el embalaje estaba totalmente destrozado.

— Rellenaremos los formularios .... viene indicado en el anexo.

— Han suspendido todos los envíos, ... la fábrica ha sufrido un aparatoso incendio.

— Estaremos a su disposición .... ustedes nos necesiten.

— Podrán beneficiarse de nuestras ofertas .... cumplan con los plazos pactados de antemano.

17. Redacte la carta de contestación que Modas Madreselva enviaría a CREACIONES DE MODA BOPE, S. A., en respuesta a la carta del ejercicio 19.

18. Explique a qué equivalen *ello* y *lo* en las siguientes frases:

— No hemos recibido su pedido; por ello no le hemos podido contestar.

— Alguien tiene que romper el hielo; hazlo tú.

— Lo mejor de todo es su precio.

— Se lo dijeron en cuanto llegó.

19. Complete los espacios en blanco que aparecen en la siguiente carta de pedido:

BOPE, S.A. CREACIONES DE MODA
Caribe, 63-45006 LÉRIDA
Tel. 54 37 32. Télex 54872 BOP E

Modas Madreselva
Caspe, 43
78021 SORIA

7 de julio de 1989

Señores:

.... su pedido con fecha 3 del mes en curso. Sentimos no poder servirles la mercancía completa, ya que algunos de los géneros solicitados por .... en este momento; no obstante, les adjuntamos unas muestras de otros muy similares en calidad y colorido que pueden ....

Esperando que esta solución, ..., y a la espera de sus noticias al respecto, les saludamos atentamente.

Esteban Lamela
Departamento de Ventas

Anexo: Muestras de los artículos SERIE: 6164/6167/8372/8374.

CARTAS DE RECLAMACIÓN

La finalidad de estos escritos es la de poner de manifiesto las causas por las cuales los géneros o mercancías que solicitábamos, en las cartas del apartado anterior, no han llegado hasta nosotros tal y como habíamos acordado. Estas causas pueden ser de diferentes clases, ente ellas las más comunes son: retraso en la fecha de entrega, errores en la mercancía (calidades, peso, número, colorido, etc.), mal estado de los géneros por un embalaje defectuoso o por una forma de envío inadecuada.

Las cartas de reclamación tienen que ser precisas al explicar los detalles por los cuales se reclama y el porqué de la misma. El tono empleado debe ser enérgico, pero también cortés; no debemos olvidar que es posible que después de una primera carta de reclamación tengan que escribirse otras que refuercen a la primera, en cuyo caso habría que utilizar un tono algo más agresivo. De cualquier forma, siempre es conveniente tratar de llegar a un arreglo amistoso con el vendedor.

Por último, es importante que las reclamaciones se hagan siempre con la mayor brevedad posible; es decir, sin dejar pasar tiempo desde el momento en que se ha recibido la mercancía.

TEJIDOS E HILADOS, S.A.
San Bernardo, 128 47021 BARCELONA
Tel. 6543382 - Télex 46533 TEJIL E - Fax

TEXTILES DEL MEDITERRÁNEO
Balmes, 172
39003 TARRAGONA

25 de octubre de 1989

Señores:

Acabamos de recibir el envío de hilatura de algodón y poliéster, correspondiente a nuestro pedido número 236, de fecha 10 de los corrientes, y con sorpresa y disgusto por nuestra parte hemos comprobado que la mercancía ha llegado hasta nosotros en pésimas condiciones; el género está totalmente deteriorado, ya que los embalajes han llegado rotos.

Por esta causa, nos vemos obligados a rechazar el envío y de momento no giraremos el importe correspondiente. Por otra parte, aguardamos que ustedes nos indiquen qué es lo que debemos hacer con el género.

Esperamos sus prontas noticias y les saludamos muy atentamente.

TEJIDOS E HILADOS, S. A.
Fdo. Pedro Llorente

TEXTILES DEL MEDITERRÁNEO
BALMES, 172 - 39003 TARRAGONA
Tel. 286 55 37

TEJIDOS E HILADOS, S.A.
San Bernardo, 128
47021 BARCELONA

31 de octubre de 1989

Muy señores nuestros:

En respuesta a su carta de fecha 25 del presente mes, queremos comunicarles que lamentamos sinceramente lo ocurrido. Al parecer la causa de los desperfectos se ha debido a un descuido en el departamento de embalajes que ya hemos subsanado.

De todas maneras, y si ustedes lo estiman conveniente, podemos volver a servirles estos mismos géneros inmediatamente.

Esperamos su pronta respuesta y de nuevo les pedimos disculpas por las molestias que les hemos causado.

Reciban nuestros saludos cordiales.

El Jefe de Ventas

CARTAS DE RECLAMACION

GARICOECHEA Hnos.
Santa Marta, 29
27002 IRÚN (Guipúzcoa)

Sr. D. Fernando Lorenzo
Valderribas, 16
48001 MADRID

4 de septiembre de 1989

Señor:

Acabamos de recibir por la AGENCIA FELGUERA una mercancía compuesta por cuatro cajas con 35.000 (treinta y cinco mil) cápsulas de plomo estañado y pintadas a tres colores; nuestra sorpresa ha sido enorme, ya que el pedido que nosotros habíamos hecho a su agente, Sr. Díaz, consistía en 10.000 (diez mil) cápsulas de plomo estañado, pintadas a un solo color.

En vista de que el género recibido no coincide en absoluto con el pedido realizado por nosotros, sentimos comunicarle que con fecha de hoy mismo hemos devuelto la mercancía.

Lamentamos este percance que sin duda será involuntario, y le rogamos que a la mayor brevedad posible nos hagan llegar nuestro pedido de una forma correcta.

Esperamos sus noticias y le saludamos atentamente.

GARICOECHEA Hnos.

20. Complete los espacios que aparecen en blanco en la siguiente carta de reclamación:

PUBLIEXPO, S.A.
Avenida Ciudad de Jaén, 48 - 56023 SEVILLA

Promotores de la Construcción
Meléndez Valdés, 4
24009 CADIZ — 8 de enero de 1989

Señores:

.... el importe correspondiente al canon publicitario que deben satisfacer ustedes por el aprovechamiento publicitario de la finca sita en:

REY FRANCISCO, 42
CÁDIZ

Les rogamos que a la vuelta de correo .... o nos hagan saber las razones por las cuales no han hecho efectivo dicho importe.

Esperando .... les saludamos atentamente.

Leopoldo Tabernero
Administrador

21. Escoja de entre las frases siguientes aquellas que sean más adecuadas para las cartas de reclamación:

— Por este motivo les reclamamos los daños y perjuicios correspondientes.

— Tenemos el gusto de acusar recibo de su petición de ofertas.

— Sentimos lo ocurrido y esperamos poder subsanarlo a la mayor brevedad posible.

— Le ruego nuevamente que disculpe los trastornos que esta demora haya podido ocasionarle.

— Deseamos que visiten nuestras instalaciones para que puedan comprobar las inversiones realizadas recientemente.

— Esperamos que sea de su conformidad y les pedimos disculpas.

22. Escriba el significado de las siguientes palabras:

Pertinente: ....
Embalaje: ....
Trámite: ....
Demora: ....
Deterioro: ....
Involuntario: ....
Facturación: ....
Referencia: ....

23. Para indicar que un pedido no se ha recibido en perfecto estado, podemos emplear diferentes adjetivos, depende del objeto de que se trate. Escriba una frase con cada uno de los adjetivos que van a continuación:

Deteriorado: ....
Averiado: ....
Roto: ....
Manchado: ....
Rasgado: ....
Erróneo: ....
Estropeado: ....
Desgarrado: ....

24. Complete las frases siguientes con la preposición correcta:

— Inmediatamente nos hemos puesto .... contacto con la compañía de seguros.

— Los datos correspondientes .... su pedido son los que se citan al pie.

— La mercancía consta .... quince bultos, los cuales se les enviarán hoy mismo .... ferrocarril.

— Le adjuntamos un folleto informativo ... . todas las especificaciones técnicas.

— Esperaba que trajera un formulario .... informes para cubrirlo aquí mismo.

— Leímos un anuncio .... el que solicitaban administrativos.

25. Redacte una carta de reclamación con los siguientes datos:

• Remitente: STER, S. A. —Prefabricados de Hormigón; c/ Martín de Vargas, 253; 78032 BARCELONA

• Destinatario: Riegos del Turia, S. A.; c/ Eduardo Dato, 45; 63008 VALENCIA

• Asunto: Riegos del Turia ha aceptado un proyecto realizado por la empresa STER, S. A. para construir un depósito de hormigón de 750 m.^{3}, con un precio total de SESENTA Y DOS MIL CIENTO SETENTA Y CUATRO EUROS (62.174 euros), con un desembolso inicial de un 5% al comienzo de la obra. Los operarios ya llevan dos semanas trabajando, y Riegos del Turia aún no ha abonado ninguna cantidad a STER, S.A.; la empresa constructora escribe a Riegos del Turia comunicándoles que si no hacen efectivos los pagos acordados, paralizarán las obras inmediatamente.

26. Responda *Verdadero* o *Falso* o a las frases siguientes:

V F

a) Las cartas de reclamación se escriben para pedir explicaciones por un convenio que no ha sido cumplido, o bien que lo ha sido de una forma incorrecta.

b) Siempre son muy breves y en ellas no se hacen especificaciones ni se da ninguna clase de detalles.

c) El tono empleado habitualmente en este tipo de escritos debe ser muy agresivo y amenazante.

V F

d) Las causas que más frecuentemente dan lugar a estas cartas son: mal estado de las mercancías, diferencias en calidad y cantidad con respecto al pedido previo, retraso en el cumplimiento de lo convenido.

e) Las cartas de reclamación se deben hacer lo más rápidamente posible, ya que si dejamos pasar tiempo entre la causa de la queja y ésta, perderá efectividad.

27. Escriba los antónimos de las siguientes palabras:

perjuicio
causa
incorrecto
vendedor
satisfacción
recibir
posibilidad

TALLERES Y FUNDICIONES, S.A.
Avenida de los Reyes Católicos, 42
Tel. 5439126 - 53012 GUADALAJARA

BANCO DEL NORTE UNIÓN
Doctor Cortezo, 132
58023 MADRID

16 de abril de 1997

s/rf. 042/BL n/ref. 650/3EM

(A la atención del Sr. Felguera)

Señores:

Nos es grato enviarles los ejemplares de la DEPI, DE3 y DE4 para su domiciliación.

Les rogamos que nos devuelvan, a la mayor brevedad posible, el ejemplar DE3; es decir, el que corresponde al titular.

En espera de su respuesta, les saludamos atentamente.

Anselmo Pujadas
Gerente

Anexo: DEPI n.º 312181520-0.
HANNOVER PAPIER, Alfred/Leine (Alemania R.F.)

COMERCIAL DUERO, S.A.
Rivadeneyra, 58 - 78003 PALENCIA
Teléf. 243 99 16 - Télex 67232 COMDU E

BANCO PALENTINO
Miralrío, 43
78002 PALENCIA

8 de febrero de 198

Señores:

Les rogamos que abonen con cargo a nuestr cuenta corriente n.º 7000872341 los seguros sociale correspondientes a los meses de enero y febrero de año en curso, que les adjuntamos.

Les damos las gracias de antemano por su atención y les saludamos atentamente.

COMERCIAL DUERO, S.A.
Dep. de Contabilidad

Anexo: Seguros sociales.

CARTAS DE RELACIONES CON LA BANCA

Los comerciantes y empresarios escriben a los Bancos por diferentes motivos, tales como solicitar préstamos o apertura de crédito, descontar los efectos comerciales, ordenar transferencias, realizar operaciones de comercio exterior, etc. Todos estos servicios se realizan a través de escritos, ya sean cartas, impresos o formularios diversos con los que cuenta el Banco al efecto, con o sin forma de carta.

Las cartas de relaciones con la banca deben estar redactadas con sumo cuidado y atención, ya que, como tienen por objeto operaciones monetarias, no pueden contener errores en las cantidades, plazos o condiciones. Por tanto, es conveniente que las cantidades vayan indicadas en cifras y en letras.

Por último, se debe tener en cuenta que la concisión y la precisión deben de ser la regla de oro de estas cartas, dando lugar a escritos muy breves.

ORDÓÑEZ y Cía.
, 49
SORIA

O CASTELLANO
ral Arranz, 21
1 SORIA — 20 de noviembre de 1989

señores nuestros:

nos el gusto de dirigirnos a ustedes para rogar-
ue abonen con cargo a nuestra cuenta corriente
/20128-03 el efecto comercial girado a nuestro
por la Compañía General de Plásticos; la fecha
ncimiento es el 30 de noviembre de 1992 y la
dad de pesetas 315.500 (TRESCIENTAS QUINCE
QUINIENTAS).

agradecidos, les saludamos cordialmente.

Fdo. Gerardo Sánchez
Administrador

EJERCICIOS

28. Rellene los espacios que aparecen en blanco en las cartas siguientes:

Carta n.º 1

BANCO FINANCIERO
Y COMERCIAL
- BANFICO -

Paseo del Rey, 78
63007 GRANADA

Sr. D. Alberto Manzano
Cuesta de San Vicente, 2
63005 GRANADA

14 de marzo de 1989

Muy señor nuestro:

Nos es .... a usted para enviarle la información fiscal de sus cuentas operativas correspondientes al ajercicio del año 1993.

Aprovechamos la .... nuestros servicios más novedosos en productos para desgravación. Entre los que destacan la cuenta Vivienda-Ahorro, con una rentabilidad financiera de hasta el 25%, o el Plan Personal para la Jubilación, con módulos desde 10.000 pesetas al mes.

Si estos servicios .... periódicamente recibirá nuestras ofertas, así como también la visita de nuestro asesor particular para la colocación de excedentes de tesorería.

Reciba un cordial saludo.

Bernardo González
DIRECTOR

Carta n.º 2

Fermín Palacios e Hijos
Santa Engracia, 91 45007 PAMPLONA

BANCO ESPAÑOL
Plaza del Rey, 7
45003 PAMPLONA 25 de mayo de 1998

Señores:

Rogamos .... transferir la cantidad de pesetas 569.800 (.........................) a favor de EXPOINDUSTRIA, S.A.
TUDELA (Navarra)
c/c n.º 500000-8755-3
con cargo a nuestra cuenta corriente número 500004577-4

....

Fermín Palacios

29. Redacte una carta dirigida al banco con el que trabajamos para pedirles que nos envíen un nuevo talonario de nuestra cuenta corriente.

30. ¿Cuál es el significado de las siguientes palabras?:

información fiscal	contabilidad
catálogo	remesa
asesor	letra de cambio
cuenta corriente	formulario
transferencia	amortizar

31. Complete el texto que va a continuación con el tiempo verbal más adecuado:

Muy señores nuestros:

Nos .... (dirigir) a ustedes para recordarles que junto con nuestra remesa de letras de fecha 29 de octubre pasado, les .... (hacer) entrega de un efecto n.º 34.989 de 4.210 euros (CUATRO MIL DOSCIENTOS DIEZ) a cargo de COMERCIAL DE PRODUCTOS ALIMENTICIOS, para que la .... (negociar), puesto que ya había sido abonada por ustedes con fecha de 30 de octubre.

Por la presente carta, les .... (rogar) que .... (servirse) retirarla de la circulación y que si .... (ser) tan amables, nos la .... (devolver) lo antes posible.
.... (agradecer) de antemano su deferencia y mientras .... (esperar) sus noticias, les .... (saludar) atentamente.

Departamento de Contabilidad

32. Escriba el sustantivo que corresponda a cada uno de los verbos siguientes:

dirigir	negociar
saludar	ingresar
transferir	facturar
tramitar	contabilizar
demorar	devolver

CARTAS DE RELACIONES CON LOS SERVICIOS PUBLICOS

Calvo y Fernández Hnos.
Avenida de Valderrama, 86
19003 GUADALAJARA

TESORERÍA TERRITORIAL
DE LA SEGURIDAD SOCIAL
GUADALAJARA 8 de noviembre de 1989

Muy señores nuestros:

Rogamos a ustedes que con el fin de acceder a Concursos Públicos se sirvan extendernos un certificado en el que conste que estamos al corriente en el pago de las cuotas correspondientes al Régimen de la Seguridad Social hasta el mes de septiembre de 1989. El certificado irá a favor de la empresa Calvo y Fernández Hnos., dedicada a la actividad de Instalaciones Eléctricas, domiciliada en esta capital, avenida de Valderrama, 86.

Les saludamos muy atentamente.

Fdo. Antonio Calvo
Gerente

CARTAS DE RELACIONES CON LOS SERVICIOS PÚBLICOS

En las relaciones con la Administración surgen dos tipos de escritos claramente diferenciados: los documentos oficiales y las cartas propiamente dichas. Entre los primeros destacan las instancias, oficios, actas y certificados, que estudiaremos más adelante; aquí nos limitaremos a los escritos que surgen por la relación con los servicios públicos y que presentan la forma externa de la carta.

El objeto de estas cartas suele ser el de confirmar, reclamar o pedir información sobre algo; por lo tanto, deben de ser claras y precisas, evitando la ambigüedad y utilizando un tono correcto y cortés.

DIPUTACIÓN PROVINCIAL DE MURCIA
SECRETARÍA GENERAL TÉCNICA
Servicio de Publicaciones

...ORA, S. A.
...anda, 9
...005 JAÉN

7 de octubre de 1987

...eñores:

Con el fin de evitar que se acumulen las solicitu...s de renovación de la suscripción al BOLETÍN OFI...AL DE LA DIPUTACIÓN DE MURCIA para 1988, ...os dirigimos a ustedes para indicarles la conve...iencia de que estas renovaciones se realicen dentro ...e los meses que faltan para terminar el año en cur...o, para evitar retrasos no deseados.

El importe de la suscripción para 1988 es de quin...ce mil pesetas (15.000), que será abonado mediante ...talón nominativo conformado o bien giro postal a nombre de BOLETÍN OFICIAL DE LA DIPUTACIÓN DE MURCIA, y no por otro procedimiento.

Esperando que nos presten la colaboración solicitada.

EL JEFE DE SERVICIO
Fdo. Luis Puente

CONSTRUCCIONES Y DISEÑO, S.A.
Edificio MILÁN 1 - San José, 7 - Planta 16
50004 ZARAGOZA - Tel. 233 86 51 - Télex 54353 CONDI E

ENTE ARAGONÉS DE LA ENERGÍA
Avenida de Teruel, 12
50005 ZARAGOZA

25 de noviembre de 1989

s/ref. 232/DG-4 n/ref. TR/pg

(A la atención de Dña. María Benítez)

Muy señores nuestros:

De conformidad con lo que nos habían solicitado, tenemos el gusto de devolverles los dos ejemplares del contrato de Construcción LEZAMA, debidamente firmado y sellado.

Al mismo tiempo, les confirmamos que ya hemos ordenado el depósito de la correspondiente fianza a la Compañía de Seguros CREDIEBRO, S.A.

Atentamente les saludan.

CONSTRUCCIONES Y DISEÑO, S. A.

anexo: Contrato LEZAMA (2 ejemplares).

IBERMUEBLE, S.A.
General Goded, 2 - 16004 CUENCA

Señor Alcalde-Presidente
del Ayuntamiento de
MOTA DEL CUERVO (Cuenca)

3 de abril de 1989

Muy señor nuestro:

Hemos tenido noticias de que ese Ayuntamiento proyecta la construcción de un Centro Cívico y Cultural y nos ofrecemos a ustedes como empresa especializada en todo tipo de equipamiento de interiores.

Estamos realizando obras de equipamiento en centros oficiales y privados de toda España, especialmente en las zonas de Castilla-León y Castilla-La Mancha.

Adjuntamos catálogos de diversos equipos e instalaciones realizados por nosotros.

A la espera de sus gratas noticias, les saludamos atentamente.

IBERMUEBLE, S. A.

DIPUTACIÓN FORAL DE NAVARRA
SERVICIO DE AGUAS

Riegos Artesianos, S. A.
Alvargonzález, 53
42011 SORIA

15 de febrero de 1988

Muy señores nuestros:

Les remitimos adjunto las Actas de Replanteo de los sondeos a percusión en Villapomar y de los sondeos a rotopercusión en Torrejoncillo y Polígono Industrial de Tubianca, para una vez que hayan sido firmadas por su apoderado (Sr. Rodríguez) nos las devuelvan a la mayor brevedad posible, de tal manera que podamos cumplimentarlas con nuestras firmas. Acto seguido les enviaremos un ejemplar de las mismas.

Sin otro particular, les saluda atentamente.

EL INGENIERO TÉCNICO
DIPUTACIÓN FORAL DE NAVARRA
SERVICIO DE AGUAS

33. Escriba la carta que dirigió la DIPUTACIÓN FORAL DE VIZCAYA a ACEROS DEL NORTE, S.A., reclamando la documentación y que motivó la que aparece a continuación:

ACEROS DEL NORTE, S.A.
Carretera de Santander, s/n.
48005 BILBAO

DIPUTACIÓN FORAL DE VIZCAYA
Departamento de Promoción
y Desarrollo Económico
Paseo de las Ánimas, 43 — 6 de abril de 1989
48001 BILBAO

s/rf. AM3/pdU n/ref. DR/mf

Asunto: Programa de Ayuda a la Inversión. Tramitación de subvenciones.

Muy señores nuestros:

En contestación a su atento escrito de fecha 15 de marzo, con fecha de salida el día 20 y recibido el 30 del citado mes, nos es grato adjuntarles la siguiente documentación:

— Certificado de la Seguridad Social.
— Memoria de Activos Genéricos.
— Memoria de Activivos Específicos.
— TC1 y TC2 del mes de agosto de 1992.

Les recordamos que nuestro número de expediente es el FGR-5463024.

Atentamente.

ACEROS DEL NORTE, S.A.

34. Acentúe convenientemente las siguientes palabras; razone la respuesta y escriba una frase con cada una de las palabras:

inversion
implicito
numero
suscripcion
organica
clausula
generico
agradeceria

35. Complete las frases siguientes con la locución más adecuada para cada una de ellas *(aun cuando, aunque, caso de, caso de que, apenas, a poco de):*

— Nos presentaremos al próximo concurso .... no tengamos demasiadas probabilidades de ganarlo.

— .... tuvimos conocimiento de que el ENTE PÚBLICO proyectaba la construcción del nuevo edificio, nos ofrecimos como empresa especializada en este tipo de obras.

— Tomarán a su cargo la ejecución de las obras .... aceptar las cláusulas que figuran en el contrato.

— Aceptaron el precio final .... sabían que no había sido repercutido el I.V.A.

— Abriremos al público el próximo día 1 .... nos concedan la licencia de apertura.

— Nos enviaron los impresos .... haberlos pedido.

36. Responda *Verdadero* o *Falso* en las siguientes afirmaciones:

	V	F
a) Para relacionarnos con los servicios públicos, únicamente podemos emplear la instancia.		
b) Las cartas de relaciones con los servicios públicos se emplean generalmente para solicitar información, reclamar o confirmar algún asunto.		
c) El tono empleado en estas cartas es duro y agresivo.		
d) Estas cartas deben ser precisas, evitando siempre la ambigüedad.		
e) Las actas, instancias y oficios constituyen los llamados escritos oficiales.		

37. Escriba una carta dirigida a la DELEGACIÓN DE HACIENDA en la cual hacemos una reclamación, ya que nuestra declaración del Impuesto sobre la Renta de las Personas Físicas (I.R.P.F.) era negativa y no nos ha sido devuelta ninguna cantidad.

CARTAS SOCIALES

Este tipo de escritos surge entre empresas o bien entre personas particulares. No son cartas comerciales en sentido estricto, puesto que no tratan de negocios, sino que se emplean para felicitar, dar las gracias, invitar, dar el pésame, etc.

Deben redactarse con naturalidad, sencillez y en forma atractiva. El lenguaje ha de ser coloquial pero tendiendo al lenguaje culto, sin formulismos ni frases efusivas.

El tratamiento empleado dependerá de la relación que exista entre el remitente y el destinatario.

Cuando se producen entre particulares, se pueden escribir a mano; la carta se puede comenzar por la fecha, poniendo a continuación el nombre del destinatario y prescindiendo del nombre y dirección de quien escribe.

Álvarez-Merechal y Cía.
Montalbán, 324 - 28016 MADRID
Teléf. 532 34 87 - Télex 51436 ALMAR E

Sr. D. Leopoldo Sánchez León
Avenida de Burgos, 7
28012 MADRID

16 de mayo de 1988

Apreciado Lepoldo:

La irreparable pérdida de su padre nos ha conmovido profundamente y queremos manifestarle nuestra más sincera condolencia en momentos de tan hondo dolor.

Reciba nuestro pésame, extensivo también a su madre y hermanos.

Saludos cordiales.

Antonio Álvarez-Marechal

EJEMPLOS DE CARTAS SOCIALES

5 de febrero de 1989

José Castro Fernández
Arenal, 32
28003 MADRID

Estimado amigo:

He tenido conocimiento, a través de la prensa, de tu nuevo nombramiento dentro de la Compañía Multinacional en la que trabajas. Considero que ha sido una designación muy acertada, tanto por tu larga experiencia en el trabajo como por tus cualidades humanas y sociales.

Te felicito muyy sinceramente y te deseo grandes éxitos en el nuevo cargo.

Recibe un cordial saludo de tu amigo.

Lorenzo Pérez

38. Escriba una carta dirigida a nuestro antiguo socio, dándole la enhorabuena por la buena marcha de los negocios y por su amplia expansión en los últimos seis meses. Recordándole también nuestra relación profesional pasada y ofreciéndonos para una eventual colaboración.

39. ¿Cuál es el significado de las siguientes palabras?:

efusivo
condolencia
enhorabuena
eventual
definitivo
pésame
conmoción
felicitación

40. Escriba una carta rehusando una invitación para la inauguración de un nuevo centro comercial, ya que en esa fecha estará ausente.

41. Complete la preposición que falta en cada una de las frases siguientes:

— Sentimos informarles .... que no podremos asistir a la reunión.

— Desde el pasado día 4 .... la fecha presente, no he recibido su comunicación.

— Nos sentimos muy halagados y agradecemos su invitación .... mucho gusto.

— La elección ha sido muy acertada, tanto .... su experiencia, como .... sus conocimientos en el campo de la electrónica.

— Expusimos nuestras ideas .... el propósito de darlas a conocer a todos los compañeros.

— El éxito alcanzado se debe, ... gran parte, a su gran cualificación profesional.

42. Escriba una frase con cada uno de los adjetivos siguientes:

Estricto: ....
Irreparable: ....
Espléndido: ....
Desinteresado: ....
Incomparable: ....
Intachable: ....
Contento: ....
Confiado: ....
Abnegado: ....

(Si es necesario busque el significado en el diccionario previamente).

43. Separe convenientemente las sílabas de las palabras que van a continuación:

felicitación
reyerta
ostentoso
abnegación
factible
deslumbrar
tolerancia
agradecimiento

44. Escriba el verbo que va entre paréntesis en el tiempo adecuado:

— Nos ....(comunicar) que si no hacíamos efectivos los pagos, ... (retirar) las mercancías.

— Les rogamos que nos ....(devolver) a la mayor brevedad posible el ejemplar debidamente cumplimentado.

— Ya nos ....(avisar) de que usted no pensaba venir este año.

— El espectáculo programado para el domingo ....(retrasarse) hasta la próxima semana.

— Estos precios no ....(incluir) el I.V.A.

— Nos dirigimos a usted para comunicarle que ya ....(recibir) las novedades para la temporada de verano.

45. Acentúe, si es preciso, las palabras siguientes:

solicitud
redactar
gestion
proveedor
operacion
margen
credito
facilmente

CURRÍCULUM VITAE

Es un escrito en el cual se expresan de una forma comprensiva y resumida todos los datos personales y profesionales de una persona. Su objetivo es el de lograr una buena imagen del que aspira a un puesto de trabajo, y, por lo tanto, el currículum le sirve al que lo presenta como medio de promoción de sus méritos y experiencia profesional.

Su forma no es rígida ni se somete a estructuras fijas, pero debe guardar un orden cronológico en la relación de las actividades desarrolladas. El currículum debe ser sencillo, claro, verdadero, concreto y específico para cada caso.

Generalmente comienza con las palabras *currículum vitae* en lugar destacado y a continuación los apartados correspondientes.

Datos personales: nombre y apellidos, fecha y lugar de nacimiento, número del Documento Nacional de Identidad, dirección particular y profesional, números de teléfono y situación familiar.

EJEMPLOS DE CURRÍCULUM VITAE

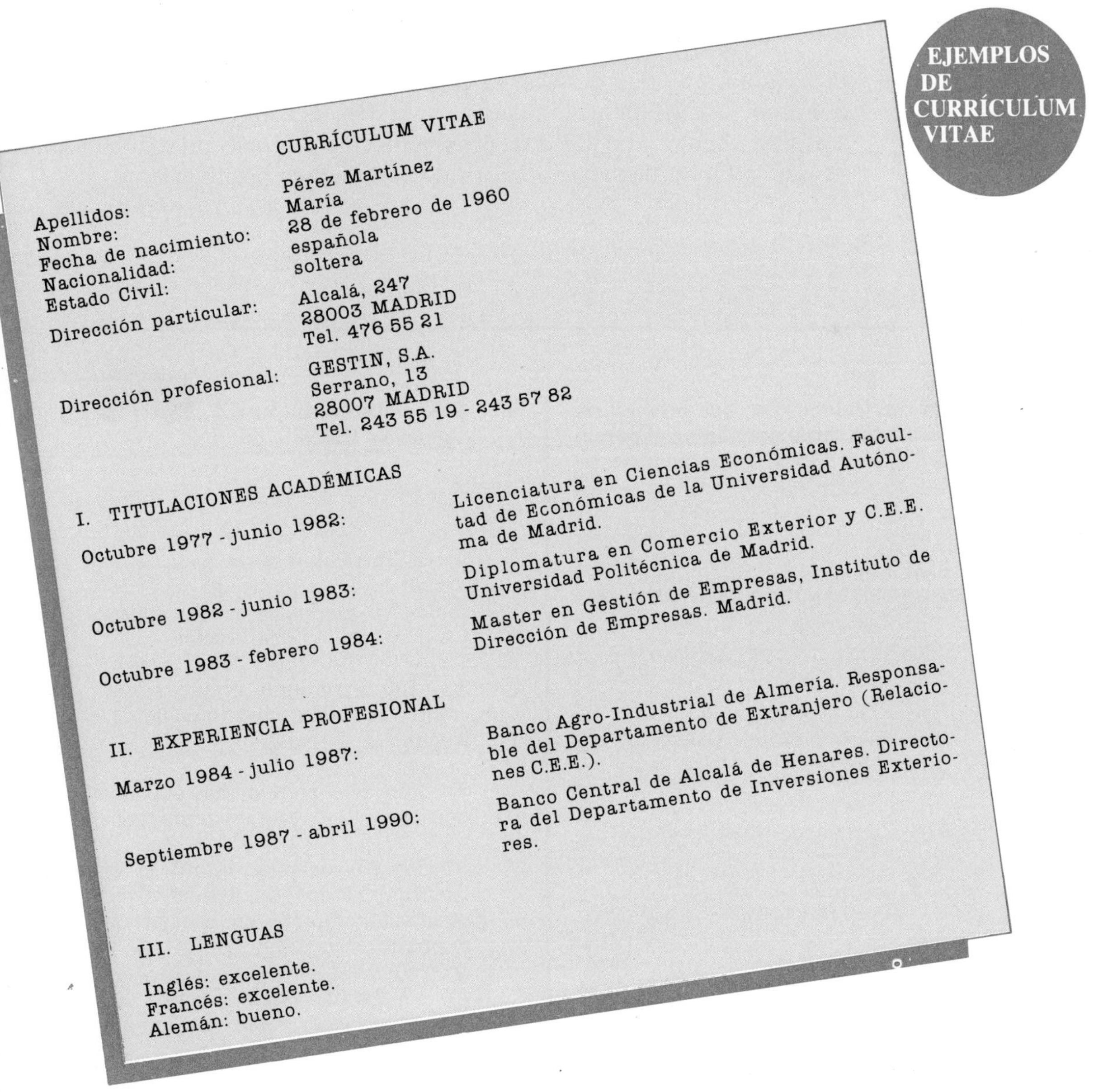

CURRÍCULUM VITAE

Apellidos: Pérez Martínez
Nombre: María
Fecha de nacimiento: 28 de febrero de 1960
Nacionalidad: española
Estado Civil: soltera
Dirección particular: Alcalá, 247
28003 MADRID
Tel. 476 55 21

Dirección profesional: GESTIN, S.A.
Serrano, 13
28007 MADRID
Tel. 243 55 19 - 243 57 82

I. TITULACIONES ACADÉMICAS

Octubre 1977 - junio 1982: Licenciatura en Ciencias Económicas. Facultad de Económicas de la Universidad Autónoma de Madrid.

Octubre 1982 - junio 1983: Diplomatura en Comercio Exterior y C.E.E. Universidad Politécnica de Madrid.

Octubre 1983 - febrero 1984: Master en Gestión de Empresas, Instituto de Dirección de Empresas. Madrid.

II. EXPERIENCIA PROFESIONAL

Marzo 1984 - julio 1987: Banco Agro-Industrial de Almería. Responsable del Departamento de Extranjero (Relaciones C.E.E.).

Septiembre 1987 - abril 1990: Banco Central de Alcalá de Henares. Directora del Departamento de Inversiones Exteriores.

III. LENGUAS

Inglés: excelente.
Francés: excelente.
Alemán: bueno.

Formación y estudios: exposición cronológica de los estudios realizados, títulos obtenidos, centros y fechas en donde se obtuvieron.

Cursillos efectuados: destacando aquellos que estén relacionados con el puesto al que se opta.

Experiencia profesional: expresar las experiencias que tengan un verdadero contenido profesional indicando la fecha, nombre de entidad empleadora, actividad básica de ésta, título del cargo desempeñado, funciones encomendadas y promoción interna. Todo ello expuesto siguiendo un orden cronológico y a ser posible incluyendo los resultados obtenidos.

Otros datos de interés: como estudios o trabajos en empresas, centros de investigación, etc. En este apartado se deben incluir todos aquellos datos que verdaderamente puedan tener interés en relación al puesto que se pretende.

Idiomas conocidos: indicando su nivel de conocimientos hablado y/o escrito, en un grado regular, bueno o excelente.

Por último, hay que destacar la conveniencia, en algunos casos requisito obligado, de acreditar los datos expuestos mediante la documentación correspondiente, aunque esta documentación se suele presentar después de que la oferta de servicio haya sido considerada positivamente.

EJERCICIOS

46. Redacte el currículum vitae que presentaría el candidato más idóneo para optar al puesto de trabajo que se ofrece en el anuncio siguiente:

IMPORTANTE EMPRESA MULTINACIONAL
DEL SECTOR DE GRANDES SUPERFICIES

PRECISA

JEFE DE CONTROL DE GESTIÓN

SE REQUIERE:
— Titulación Universitaria.
— Varios años de experiencia.
— Edad mínima 28 años.
— Dominio del idioma inglés.

SE OFRECE:
— Ambiente de trabajo dinámico y satisfactorio.
— Retribución acorde con las cualidades del candidato.
— Posibilidad de promoción dentro de la empresa.

Las personas interesadas deberán enviar currículum vitae incluyendo expediente académico al Apartado 75.063-28080 MADRID.

47. Responda *Verdadero* o *Falso* en las siguientes frases:

	V	F
a) El currículum vitae se puede redactar desde un punto de vista subjetivo, ya que los datos allí expuestos no necesitan justificación.		
b) El currículum puede servir como medio de promoción a la persona que lo presenta.		
c) Para su confección hay que atenerse a una estructura determinada.		
d) Es conveniente incluir en el currículum todos aquellos datos que puedan tener interés en relación con el puesto solicitado.		
e) La claridad y sinceridad no tienen importancia en la redacción del currículum.		

48. Redacte un currículum vitae para responder a la oferta de trabajo que va a continuación:

COMPAÑÍA DE SERVICIOS INFORMÁTICOS DESEA INCORPORAR A SUS OFICINAS DE BARCELONA VARIOS PROGRAMADORES Y OPERADORES DE ORDENADOR

Los candidatos, de edad entre 25 y 35 años, deberán tener formación universitaria y dominio del inglés técnico.

Se valorará la experiencia de ordenadores IBM 43** en torno a DOS y CICS.

Se ofrece incorporación inmediata en plantilla; sueldo a convenir, según experiencia de los candidatos; formación continuada por parte de la empresa.

Los interesados deben enviar currículum vitae escrito a mano, con pretensiones económicas y teléfono de contacto a:

SELECCIÓN DE PERSONAL, S.A.
Rambla de Cataluña, 43. 08005 BARCELONA

49. Escribir sinónimos de las siguientes palabras:

beneficio
requisito
respuesta
dominio
manejar
remunerar
sueldo
supervisar
ofrecer
tamaño

50. Diga cuáles son los apartados correspondientes del curículum vitae.

....
....
....
....
....
....
....
....
....
....
....

51. Complete las preposiciones que faltan en el texto siguiente:

IMPULSO DE LA INVERSIÓN

CARMEN ALCAIDE

La inversión durante los años 1986 y 1987 ha sido, ... duda, la variable más dinámica .... cuadro macroeconómico. Después de varios años .... tasas negativas comenzó .... recuperarse en 1985 (3,9%), presentando posteriormente tasas reales espectaculares .... crecimiento (13,1% en 1986 y 15,9% .... 1987). La demanda .... inversión, llamada en términos .... contabilidad nacional formación bruta de capital (FBC), comprende la inversión .... capital fijo (FBCF) y la variación de existencias.
La formación bruta de capital fijo, que supone el 20,7% .... PIB (en pesetas corrientes .... 1987), comprende los siguientes apartados: inversión .... bienes de equipo (maquinaria), inversión .... material .... transporte (agrícola, industrial y comercial) y construcción (tanto .... viviendas como .... construcción no residencial).

El País, 31 de julio de 1988.

52. Diga qué significan las palabras del texto anterior:

inversión
dinámica
tasas
crecimiento
demanda
existencias
maquinaria
agrícola

53. Escriba una frase con cada uno de los adjetivos que van a continuación:

Específico: ....
Expansivo: ....
Creciente: ....
Productivo: ....
Moderado: ....
Positivo: ....
Remunerado: ....

8 OTRAS COMUNICACIONES COMERCIALES

Circular, saluda, memorándum, telegrama, télex, informe, presupuesto, cuestionario y convocatoria.

La actividad mercantil y económica da lugar a otros tipos de escritos además de la carta comercial. Éstos son muy variados y adoptan diferentes formas, que van desde la carta circular hasta las actas, cuestionarios, presupuestos, saludas, telegramas, etc., formando un amplio abanico.

Algunos presentan un lenguaje comprimido y breve, dado su carácter urgente, como el telegrama y el télex; otros se emplean para comunicarse dentro de la misma empresa, como el memorándum; las circulares tienen la misma forma de la carta; los de mayor extensión suelen ser los presupuestos e informes.

LA CIRCULAR Su característica principal es que va dirigida a muchos destinatarios diferentes con una información común, ya que su contenido interesa a todos

BANCO DEL SUROESTE
Pelayo, 24 - 41001 SEVILLA

D. Manuel Gutiérrez
Pelayo, 3
41001 SEVILLA

7 de marzo de 1989

Estimado Sr. Gutiérrez:

Tengo el gusto de dirigirme a usted para comunicarle que el BANCO DEL SUROESTE, siguiendo su política expansiva, acaba de inaugurar una nueva oficina muy cerca de su domicilio:

Calle Palayo, n.° 24.

Todo el equipo humano que formamos esta oficina queremos expresarle nuestro más cordial saludo e invitarle a visitar personalmente nuestra oficina. Donde nos encontrará, a su entera disposición, para informarle sobre los servicios de que dispone el BANCO DEL SUROESTE, que esperamos puedan ser de su interés, sin que esto suponga ningún tipo de compromiso por su parte.

Esperando poder saludarle personalmente, quedo a su disposición y le saludo atentamente.

Francisco Jiménez
Director

MAQUINARIAS REUNIDAS, S.A.
Blasco de Garay, 176
28015 MADRID

Sr. D. Antonio Menéndez
Alburquerque, 56
408003 BILBAO

25 de abril de 19

Estimado cliente:

Nos complace informarle que, debido a un camb de domicilio, NUESTRO SERVICIO POST-VENTA tien ahora nuevos números de teléfono, que detallamos continuación:

524 47 80
524 35 00
524 35 01

Confiamos en que tome buena nota de estos cambios y esperamos que nos disculpe si ello pudiera causarle alguna molestia.

Sin otro particular y agradeciéndole su confianza y colaboración, le saludamos cordialmente.

MAQUINARIAS REUNIDAS, S. A.
Servicio Post-Venta

los clientes de una misma empresa, o bien a un número considerable de destinatarios.

Es el tipo de carta que envía un banco a sus clientes para ofrecer un nuevo servicio, o un proveedor para comunicar una alteración en los precios establecidos de antemano, o simplemente para comunicar alguna variación en el número de teléfono o dirección. También se emplea la circular para anunciar la constitución, disolución o modificación de la propia empresa, en este caso, además de dar la noticia, también justificará las causas por las cuales se producen los cambios o modificaciones.

No podemos olvidar que la carta circular también puede tratar otros asuntos diversos, como las ofertas de servicios en su sentido más amplio, las ventas por correspondencia, ofertas de productos nuevos, etc.

Su aspecto y organización es igual al de la carta comercial, con la única diferencia de que suele ir impresa, dejando un espacio en blanco para el nombre y dirección del destinatario, que luego se escribe a máquina con letra lo más parecida posible y con tinta del mismo color. Su texto debe ser conciso y agradable para crear una buena impresión en el que la recibe.

CARTAS CIRCULARES

MAPAMUNDI
ESPECIALISTAS EN CARTOGRAFÍA
Ayala, 53 - 28001 MADRID
Tel. 543 22 98 - Fax 245 21 97

Sr. D. Gregorio Plans
Córcega, 21
08026 Barcelona

18 de mayo de 1989

Estimado cliente:

Ante la inminente publicación del nuevo ATLAS UNIVERSAL, obra en la que hemos tenido el honor de participar como asesores técnicos, queremos ante todo agradecerle la confianza que ha depositado en nosotros.

La otra es, con mucho, la más documentada y precisa que se ha publicado hasta el momento en el mundo de la cartografía; dado que es enciclopédica, en ella se pueden encontrar detalles que hasta ahora sólo habían ofrecido las obras superespecializadas.

Como gran novedad, queremos destacar el aspecto rigurosamente científico con que está tratada la exploración espacial del Universo, que en nuestra obra abarca desde el entorno de la Tierra hasta los más remotos confines, terminando con el uso del espacio en meteorología, telecomunicaciones, navegación, recursos terrestres y estaciones espaciales con la microgravedad.

La obra cuenta también con un apéndice de completa bibliografía y un glosario que la hace indispensable en toda biblioteca de consulta.

Una vez más, esperamos que esta obra sea de su agrado, y le agradecemos su atención. Ante cualquier duda o dificultad no dude en consultarnos.

Atentamente.

MAPAMUNDI
Departamento comercial

EJERCICIOS

1. Complete los espacios en blanco que aparecen en las circulares siguientes:

Carta n.º 1

SOFT, S.A.
Carlos III, 25 - 29005 Málaga

ENTEC, S.A.
Fray Juan Gil, 23 — 23 de noviembre de 1990
28016 Madrid

.....................................:

Agradecemos su interés por los cursos en DISKETTES; le adjuntamos un diskette de demostración y un dosier en diskette.

Para acceder a cualquiera de ellos, introdúzcalo en la unidad A o B de su ordenador y teclee: SOFTSA. Siguiendo las indicaciones que aparecen en la pantalla, podrá ver el contenido y la demostración de los cursos.

Para realizar el pedido, se puede poner en contacto con nosotros por correo o, si prefiere, llámenos por teléfono.

..............................., le recordamos que la disponibilidad de los cursos es inmediata.

....

Departamento comercial

Carta n.º 2

MASLUZ IBÉRICA
Prim, 21
48080 BILBAO — 9 de febrero de 1990

.....................................:

....
.... de la nueva lámpara electrónica que acabamos de lanzar al mercado internacional.

Sus características son las siguientes:

* Ahorra hasta un 75% de energía.
* Su duración es como la de 10 bombillas.
* Enciende al instante y no pesa.
* Proporciona luz suave y agradable.

Usted puede encontrar con esta lámpara la solución ideal; estamos seguros de ....
....

Departamento comercial

---

2. Escriba el significado de las palabras que van a continuación:

Destinatario: ....
Cliente: ....
Proveedor: ....
Modificación: ....
Papel impreso: ....
Venta por correspondencia: ....

Después de escribir el significado de las palabras anteriores, redacte una frase con cada una de ellas.

3. Complete las frases siguientes con el adjetivo más adecuado en cada caso:

— Esta máquina puede ser para usted la solución ....
— Nuestra obra es con mucho la más .... de cuantas se han publicado.
— Le rogamos que tome nota de los .... números de télefono.
— Queremos darle una información .... y .... de las ventajas de nuestra revista.
— Estamos mejorando el servicio de transporte para hacerlo cada vez más .... y ....
— Una vez más, nos es muy .... dirigirnos a usted.
— Nuestro servicio de asistencia técnica está a su .... disposición.
— Tomaremos todas las medidas .... para evitar que las mercancías corran algún riesgo de rotura o deterioro.
— Nuestra organización sanitaria es la más .... y la que cuenta con los .... medios de diagnóstico moderno.

4. Redacte una circular en la que una entidad privada ofrece a sus posibles clientes una modalidad de seguro médico.

5. Forme los sustantivos que correspondan a los siguientes verbos:

publicar	confiar
colaborar	agradecer
complacer	disculpar
disponer	reparar

6. **En cada uno de los espacios en blanco falta una preposición, complételo:**

— El libro .... instrucciones se lo mandaremos la próxima semana .... las piezas de repuesto.

— Las características .... producto son las siguientes: está fabricado .... acero maleable y las juntas son .... goma.

— Les agradecería que me enviaran .... urgencia las pruebas que ya hayan realizado .... el laboratorio.

— El cliente deberá obtener las autorizaciones necesarias .... la realización de las obras.

— Este nuevo servicio garantiza la compatibilidad .... diferentes terminales.

— Desearía recibir información .... el seminario de ventas que van a realizar ustedes .... Madrid los días 15 y 16 .... mes próximo.

— Nuestra función consiste .... proporcionar .... exportador español la mayor información posible.

7. **Redacte una carta circular en la que un Grupo Financiero ofrece a sus clientes un Plan de Jubilación Personal.**

8. **Coloque en el tiempo adecuado los verbos que están entre paréntesis en el texto:**

UN DESEMBARCO ANUNCIADO

España .... (estar) de moda en Europa. Y ahora le .... (tocar) el turno a la construcción. El retroceso de las actividades constructoras en países del Tercer Mundo, unido al enorme potencial de crecimiento del sector español con vistas al año 1992 .... (impulsar) a las grandes empresas constructoras del continente a tomar posiciones en la Península. Según diversos analistas, España .... (ser) en los próximos tres años el país con mayor demanda de obra pública de la Comunidad Europea (CE).

De momento no se .... (poder) hablar de invasión de capital extranjero en el mercado nacional, pero sí de una frenética actividad negociadora que .... (poder) ver sus frutos en el desembarco de, al menos, dos gigantes de la construcción europea, Bouygues y Compagnie Générale de Eaux (CGE), en sendas compañías españolas antes del próximo verano.

Bouygues, el número uno en la clasificación europea, con una facturación de 50.100 millones de francos (unos 915.000 millones de pesetas) en 1988, ... (llevar) más de un año buscando novio infructuosamente. Primero fue Agromán y luego .... (intentar) comprar Taboada Empresa Constructora (TECSA), la empresa de construcción líder en el País Vasco, que en marzo pasado .... (optar) por fusionarse con la madrileña Comylsa en lugar de vender.

El País, 23 de abril de 1989.

9. **Explique qué significan en el texto las expresiones siguientes:**

— Invasión de capital extranjero: ....

— El número uno en la clasificación europea: ....

— El desembarco de dos gigantes de la construcción: ....

— Más de un año buscando novio infructuosamente: ....

— La empresa de construcción líder del País Vasco: ....

10. **Busque el antónimo correspondiente en la segunda columna:**

decir	aclarar
negociante	atrás
apertura	abandonar
especial	desconocer
patrocinar	callar
percibir	cliente
adelante	cerrado
hábil	general
abierto	incapaz
confundir	cierre

11. **Transforme las frases que van a continuación del estilo indirecto al estilo directo:**

— El Presidente dijo que la negociación había fracasado porque la sociedad había pretendido tener un control mayoritario.

— Los expertos afirmaron que la estrategia comercial podría cambiar radicalmente en los próximos años.

— Algunos pensaron que los fondos en activos extranjeros estaban restringidos a los mercados de dinero y capitales.

— Las organizaciones empresariales estimaron que el crecimiento para el año 1988 sería superior (en torno al 9%) al del año anterior.

— El conferenciante dijo que estábamos en un proceso de inversión creciente.

12. **Redacte una circular con el siguiente asunto:**

• Un banco internacional, de reciente implantación en España, se dirige a sus posibles clientes para ofrecerles ventajosas ofertas, tanto en cuentas corrientes a la vista como a plazo fijo o cartillas de ahorro.

EL SALUDA

Es una comunicación breve, se utiliza para hacer notificaciones de cortesía o de protocolo (para invitar a algún acto, para comunicar una toma de posesión de un cargo, etc.); se escribe en tercera persona, con la palabra **saluda** destacando en grandes caracteres debajo del nombre o cargo que ostenta la persona que lo remite, el texto siempre comienza con la preposición —a—, y a continuación se ponen el nombre y los apellidos del destinatario, el saluda nunca va firmado.

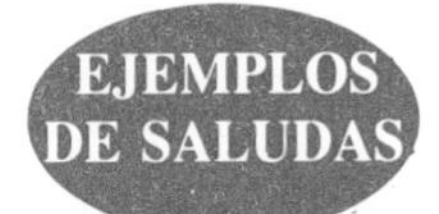

Antonio Martínez Soto
Médico-Odóntologo

Saluda

a D. Gregorio Martín Lamelas y le comunica que a partir del próximo mes de mayo trasladará su consulta a la calle Barceló, 49.

Madrid, 12 de abril de 1990

El Delegado para Madrid
de la
Cía. de Seguros Ibéricos, S.A.

Saluda

a D. Felipe García Pérez, adjuntándole la nueva póliza y rogándole se sirva devolver firmado el ejemplar para la compañía.

Madrid, 2 de marzo de 1989

Serrano, 69
Tel. 494 12 33

El Presidente
del
Hogar Valenciano de Madrid

Saluda

al Sr. D. Ramón Plans Requena y se complace en invitarle al almuerzo-coloquio que dentro del Ciclo de Encuentros Empresariales tendrá lugar el próximo día 14 de febrero a las 14,30 horas.

Madrid, 3 de febrero de 1990

Hogar Valenciano
Restaurante «La Barraca»
Moratín, 29 - Madrid

EL MEMORÁNDUM

Es una comunicación breve que generalmente trata de un único tema, y se emplea dentro de las empresas de una manera informal, podríamos decir que es la correspondencia entre los miembros de una misma firma.

Se utiliza para confirmar, pedir datos, dar instrucciones o notificar algún envío, giro, etc. Se redacta comenzando con el membrete, la fecha, y a continuación dos líneas introducidas con las palabras **de** (remitente) y **a** (destinatario), pasando directamente al texto, que debe ser claro y conciso; al final va la firma.

EJEMPLOS DE MEMORÁNDUM

EDITORIAL HISPANOAMERICANA, S.A.

24 de junio de 1989

DE: María Mas Gutiérrez

A: Sres. Encargados del Departamento de Exportación.

Les recuerdo que los envíos de mercancías a Irlanda, se harán a partir de esta fecha por vía marítima, a través del puerto de Santander, para evitar las anomalías ocurridas anteriormente.

María Mas Gutiérrez
Directora

TEXTILES DEL NORTE, S.A.

9 de enero de 1990

DE: Antonio San Román

A: Carlota Álvarez

La mercancía está dispuesta para ser entregada a MACISA; le recuerdo, una vez más, que en las facturas que adjunte debe poner el número del albarán de entrega.

Antonio San Román

CEMTESA

7 de noviembre de 1989

DE: Juan Fernández

A: Ernesto Sanchís

Nos comunican nuestros clientes Sres. Oliver y Cía. que los nuevos precios son muy elevados en relación con los que tienen de la competencia. Revise las cotizaciones para ver si se pueden mejorar.

Juan Fernández
Dpto. de Ventas

EJERCICIOS

13. Responda *Verdadero* o *Falso* en las frases siguientes:

	V	F
a) El memorándum es un mensaje breve, de uso interno dentro de la propia empresa.		
b) El lenguaje empleado en las comunicaciones breves tiene que ser claro y conciso.		
c) El saluda es una comunicación que se emplea para reclamar los pagos pendientes.		
d) Al escribir un memorándum, no podemos olvidar que hay que poner la despedida.		
e) Las comunicaciones de carácter breve se escriben siempre en tercera persona.		
f) Tanto el saluda como el memorándum tratan un único tema.		

14. Redacte un saluda con los siguientes datos:

- Remitente: el Presidente de la Cámara de Comercio e Industria de Valencia.
- Destinatario: D. Federico Muñoz Salinas.
- Asunto: cursar una invitación para la inauguración de un nuevo Centro Comercial, situado en el Polígono Industrial «Los Naranjos».

15. Escriba una frase con cada una de las siguientes palabras. Si es necesario, busque su significado en el diccionario:

Notificación: ....
Cortesía: ....
Adjuntar: ....
Informal: ....
Competencia: ....
Cotización: ....
Mercancía: ....
Solicitud: ....
Agradecimiento: ....
Invitación: ....

16. Separe las sílabas que forman cada una de las siguientes palabras:

presidente
memorándum
inauguración
significar
siguiente
industria

17. Relacione las palabras de una columna con los sinónimos que les correspondan en la otra:

corriente	fuerte
perturbar	inestable
intentar	eliminar
violento	genuino
excluir	vulgar
variable	brusco
desorientar	trastornar
sólido	despistar
auténtico	pretender
sospechar	suponer

18. Escriba las abreviaturas que corresponden a las siguientes palabras:

vencimiento	número	remitente
sociedad	señor	minuto
plaza	peso neto	sin número
descuento	calle	cuenta
gastos	carta	letra de cambio

EL TELEGRAMA Se usa para comunicaciones urgentes y breves, su brevedad le viene impuesta por el precio, ya que el telegrama se paga por el número de palabras que lo forman. Su redacción debe ser concisa y clara para que no dé lugar a equivocaciones. En el telegrama no se suelen emplear los signos de puntuación, por eso para separar frases se coloca la palabra **stop**.

Una variante del telegrama es el cablegrama, su diferencia consiste en que este último se envía a través del cable submarino, en combinación con el telégrafo.

EL FAX o TELEFAX

En el momento actual, es uno de los procedimientos más empleados para llevar a cabo comunicaciones urgentes a distancia en el ámbito empresarial. Gracias a él se pueden enviar copias de cualquier tipo de carta o escrito comercial, ya que el fax admite diferentes formatos de papel.

Con este sistema se logra la perfecta reproducción de un documento escrito o gráfico que es copia del documento original, de ahí que no posea el carácter contractual de los documentos comerciales que tradicionalmente se envían por el correo postal. El fax proporciona una comunicación rápida y económica, pues para su empleo sólo se requiere un terminal telefónico con un dispositivo anejo.

Pero además, el fax también puede ser integrado como un periférico del ordenador; para ello es necesario establecer la conexión con la línea telefónica mediante un módem que hace posible la salida y recepción de la información. Los programas informáticos que están hoy en el mercado proporcionan diversos modelos de fax, gracias a los que cada empresa o institución puede personalizar sus escritos. Los diversos modelos de fax que proporcionan los programas informáticos también sirven para enviar notas, incluso manuscritas.

PUBLIVENTAJAS SAUL, S.A.
C/ Pintor Velázquez, 178
28100 ALCOBENDAS (Madrid)

Envío de fax

Para: Fernando Terradas García — Fax: 93 543 77 81

De: Ángel Briones Sanchís — Fecha: 09/05/02

Asunto: Contratación de personal adjunto — Páginas: 1

(Urgente (Para revisar (Comentarios x Responder (Reciclar

Estimado Sr. Terradas:

Les escribo para confirmarle los aspectos tratados en nuestra conversación telefónica de ayer por la tarde con respecto a la inserción de publicidad.

Tal como acordamos, procederemos inmediatamente a revisar los anuncios de contratación que usted nos remitió el pasado día 4 y posteriormente procederemos a su inserción en prensa, tal como ustedes han manifestado.

Espero su confirmación por escrito.

Saludos cordiales,

Fdo.: Ángel Briones Sanchís

EL CORREO ELECTRÓNICO (e-mail)

Es, junto con el fax, uno de los medios que más se utilizan actualmente en las empresas para comunicarse por escrito. Esta nueva forma de comunicación electrónica proporciona eficacia y rapidez, incluso en distancias transoceánicas, y da a la comunicación escrita una inmediatez para la respuesta, desconocida hasta ahora.

Su uso se ha generalizado rápidamente en los últimos años, tanto en el ámbito empresarial como en el institucional, e incluso como medio de comunicación interpersonal.

La expresión escrita en el correo electrónico se estructura con un nivel de formalización mucho menor que el de la carta. Consta de un breve saludo informal —cuando se trata de comunicaciones dentro de la empresa—, o más formalizado cuando el destinatario es ajeno a ella. El registro de lengua empleado también será más o menos formalizado según se trate de un destinatario u otro, pero siempre redactado con un estilo rápido y directo, prescindiendo de los formulismos que posee toda carta comercial. El mensaje es generalmente breve, ya que sirve de introducción para transmitir otras informaciones que se pueden acompañar con cualquier tipo de archivos informáticos (imágenes, archivos de sonido, aplicaciones informáticas, ficheros ejecutables, etcétera).

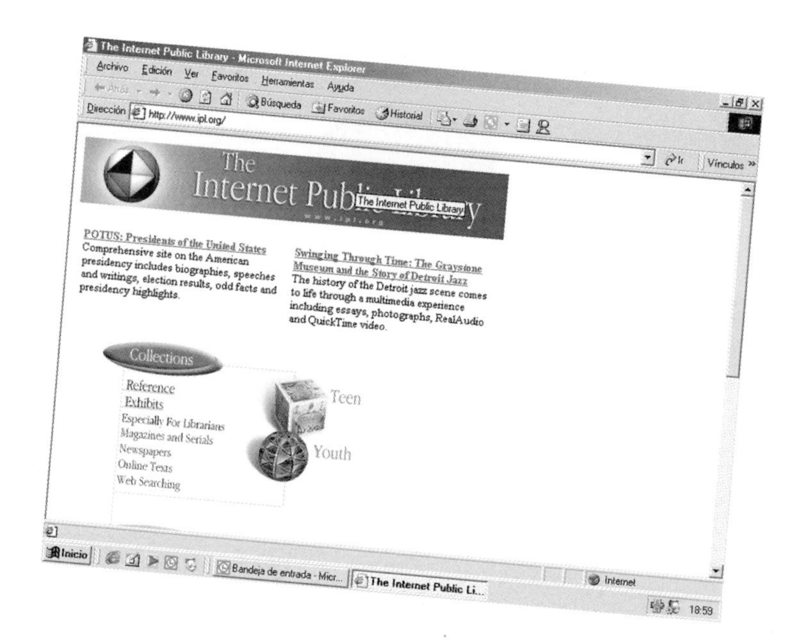

EJERCICIOS

19. Redacte un fax con el asunto siguiente:

- El Sr. Elizalde asistirá a la Convención de Fabricantes de Electrodomésticos (COFABREL), que tendrá lugar el día 31 de marzo en Huelva; por lo tanto, necesita contar con una habitación en un hotel céntrico para los días que dura dicha convención.
- El fax va dirigido a la organización de COFABREL.

20. Acabamos de recibir de un proveedor una maquinaria muy compleja que estábamos esperando desde hace bastante tiempo, pero al ir a probarla comprobamos que no funciona, parece que le falta alguna pieza...

- Envíe un correo eléctronico al proveedor reclamando urgentemente la reparación de la maquinaria, tratando de explicar los detalles de la situación.

21. Complete los espacios en blanco con la expresión más adecuada en cada caso *(a medida que, antes de que, antes de, a pesar de que, a pesar de):*

— Comenzaremos el proceso de fabricación .... empecemos a recibir los pedidos.

— Les hemos enviado un fax .... habérselo confirmado antes por carta.

— Las obras se terminarán en el plazo previsto .... hemos tenido bastantes problemas con el material.

— Será preciso que el cliente ponga en funcionamiento la máquina .... sellar la garantía.

— Pensamos remodelar totalmente nuestras oficinas .... comience la temporada de otoño-invierno.

22. Escriba los derivados de las palabras siguientes:

Factura: ....
Documento: ....
Público: ....
Contar: ....
Adquirir: ....
Leer: ....

EL INFORME

Es una comunicación escrita que tiene por finalidad transmitir de forma clara, ordenada y objetiva una determinada información sobre unos hechos concretos, una situación o un problema, aportando sugerencias o soluciones que favorezcan el desarrollo de la empresa.

Generalmente va dirigido a un superior en rango y categoría, y tiene carácter interno dentro de la propia empresa.

Su extensión y contenido varían según el tema que trate.

El texto tiene que estar redactado con claridad, precisión y objetividad, además debe guardar un orden riguroso en su presentación, evitando los párrafos excesivamente largos.

ESQUEMA PARA LA REDACCIÓN DEL INFORME

TÍTULO

Autor

Exposición del problema

....
....
....
....
....

Análisis del mismo

....
....
....
....

Sugerencias

....
....
....

Conclusión

....

....

....

Fecha Firma

EJEMPLO DE INFORME

AMPLIACIÓN DEL MERCADO DE COMPLEJOS TRANSPARENTES

El presente informe trata de la conveniencia de ampliar el mercado de «Complejos Transparentes» en el campo del embalaje flexible, dada la importancia que este material está adquiriendo actualmente y la evolución previsible del mercado en un futuro próximo.

La complejidad del mercado existente y las fuertes inversiones que ello supone nos obligó a hacer previamente un análisis de mercado del embalaje flexible para poder disponer de los datos más relevantes del mes de julio pasado. En este análisis hemos tenido en cuenta los siguientes datos:

1.1. Ventas del mercado y productos dentro del mercado de «Complejos Transparentes».

1.2. Clientes de los diferentes sectores.

1.3. Precios de venta del mercado.

1.4. Posible penetración de la empresa en cada uno de ellos.

1.5. Programa de lanzamiento en nuevos mercados.

1.6. Estudio de inversiones que hay que realizar.

   a) Estudio de costos.

   b) Rentabilidad a la vista.

Una vez realizado el estudio de mercado y analizadas sus posibilidades de penetración, con las características especiales que concurren en el mismo, hemos visto claramente la necesidad de crear una Jefatura de Ventas con dedicación exclusiva a este nuevo mercado, para obtener una garantía de éxito. Esta decisión es imprescindible para la expansión y crecimiento de la empresa en el futuro, hasta tal punto que pensamos que va a marcar la política comercial a seguir.

Palencia, 30 de mayo de 1989

Santiago López
Director de Ventas

EL PRESUPUESTO

Es un documento en el que se especifica el cómputo de los gastos que va a suponer la realización de una obra o cualquier otra inversión. El presupuesto se hace por anticipado, con una copia para la empresa y otra para el cliente.

PEALSA

INFORME DE VISITAS

REPRESENTANTE ....
N.º .... ZONA .... PROVINCIA ....
FECHA EN QUE SE HA VISITADO .... SECTOR ....

CLIENTE ....
DIRECCION .... ACTIVIDAD .... CLASIFICACION ....
TELEFONO .... POBLACION ....
PERSONAS ENTREVISTADAS .... TELEX .... TELEFAX ....

MOTIVO DE LA VISITA
OFERTA Y FECHA DE ENTREGA ....
PEDIDO Y FECHA DE ENTREGA ....
PEDIDO DE PRUEBA HOMOLOGACION DE MATERIALES ....
PRODUCTOS QUE COMPRAN. CAPACIDAD DE CONSUMO Y CONDICIONES ....
ACCIONES A TOMAR ....

MATERIAL EMBALAJE FLEXIBLE

E S P E C I F I C A C I O N E S

CANTIDAD	PEGADO
ESPESOR	PRELACADO
LISO	BARNIZ DE SOBRE-IMPRESION
GOFRADO	BARNIZ TERMOSOLDABLE
BLANCO	REFERENCIA IMPRESION
COLOREADO	COLOR DE IMPRESION
FORMATOS	EMBALAJES
BOBINAS	FORMA DE ENVIO
MANDRIL	PORTES
DIAMETRO EXTERIOR	PRECIO POR KILO
PAPEL SOPORTE	PRECIO POR M.²

OBSERVACIONES

EJEMPLO DE PRESUPUESTO

Para la elaboración de los presupuestos, algunas empresas tienen unos formularios especiales que van impresos con todas las divisiones y apartados correspondientes. En otras empresas, los presupuestos se redactan en cada caso determinado, describiendo con todo detalle cada uno de los aspectos del mismo. El lenguaje utilizado debe ser preciso, claro y objetivo para lograr una descripción ordenada y clara.

EJEMPLO DE PRESUPUESTO

PERFORACIONES Y RIEGOS, S. A.

Orense, 6. Teléfs. 455 10 90 y 455 11 91. 28020 MADRID
Avda. General Sanjurjo, 4. Teléf. 22 64 34. 24002 LEON

CLIENTE	FECHA REFERENCIA

OBRA PREVISTA:	
— LOCALIDAD	
— FINCA	Número / Sistema
— SONDEOS	
— PROFUNDIDAD	
— PERFORACION	Perforación con ∅ mm m ∅ mm m ∅ mm m
— ENTUBACION	Tubería normal ∅ mm m ∅ mm m ∅ mm m Filtro puentecillo ∅ mm m ∅ mm m ∅ mm m
— ENGRAVILLADO	Grava
— CEMENTACION	Cementación inicial m
— DESARROLLO	Desarrollo y limpieza H.
— TESTIFICACION	Testificación eléctrica
— BALSA DE LODOS	Balsa de lodos
— ACCESOS-EMPLAZAMIEN	Accesos y emplazamiento
— AFORO	Bomba de l/s a m Tiempo aforo h

PERFORACIONES Y RIEGOS, S. A. Hoja n.º

PRESUPUESTO:	UNIDADES	CARACTERISTICAS	PRECIO UNITARIO	TOTALES
—PERFORACION		Perforación con ∅ de mm. ∅ mm. ∅ mm		
—ENTUBACION		Tubería ∅ mm mm. ∅ mm mm. ∅ mm mm. Filtro ∅ mm mm ∅ mm mm ∅ mm mm Colocación y extracción tuberías		
—ENGRAVILLADO		Grava especial silícea Grava normal de zona Engravillado		
—CEMENTACION		Cementación inicial		
—DESARROLLO		Desarrollo y limpieza		
—TESTIFICACION		Testificación eléctrica		
—BALSA LODOS		Balsa de lodos		
—ACCESOS-EMPL		Accesos y emplazamiento		
—AFORO		Primeras 24 h. (mínimo) Horas siguientes		
TOTAL				
FORMA DE PAGO:				

PERFORACIONES Y RIEGOS, S. A. Hoja n.º

CONDICIONES GENERALES:	
— PRESTACIONES	PYRSA aportará la maquinaria, materiales y mano de obra precisos para la ejecución de la obra prevista, siendo de su cuenta todos los costos de los mismos.
— SISTEMA-MAQUINARIA	El sondeo se efectuará con la maquinaria adecuada al sistema y características de la obra previstos. Si la profundidad, terrenos o circunstancias reales variaran, PYRSA podrá, a su elección, cambiar la maquinaria, modificar las características o suspender los trabajos, efectuándose la liquidación, en este caso, en función de la obra realizada.
— FACTURACION	La facturación se efectuará ajustándose a las obras de perforación realmente realizadas, así como a las tuberías, filtros y otros materiales colocados.
— ACCESOS-EMPL	Será de cuenta del Cliente el acondicionamiento del acceso de camiones y vehículos ligeros al lugar del sondeo, así como la explanación necesaria para emplazamiento de la maquinaria y realización de los trabajos.
— AUTORIZACIONES	El Cliente deberá obtener las autorizaciones o permisos necesarios para la ejecución de las obras.
— ACTA FINAL	Al finalizar las obras se extenderá un ACTA con el detalle de las realizadas, entregándosele una copia al Cliente.
— GARANTIAS	PYRSA garantiza la correcta ejecución del sondeo que permita el normal aprovechamiento de los caudales. En el momento en que el Cliente lo solicite, durante el primer año desde la ejecución del mismo, se efectuarán las comprobaciones oportunas en presencia de la Jefatura de Minas de la Provincia, sometiéndose ambas partes al dictamen técnico de la misma. Caso de resultar necesario, PYRSA efectuará las correcciones precisas. Será imprescindible para la aplicación de la garantía que el Propietario efectúe la correcta explotación del sondeo.

CONFORMIDAD
EL CLIENTE.

PERFORACIONES Y RIEGOS, S. A.
P. P.

PROCALEF, S.A.
San Martín, 18 - 49001 ZAMORA

Presupuesto N.° 4328/89

PRESUPUESTO PARA LAS INSTALACIONES INDIVIDUALES DE CALEFACCIÓN EN UN EDIFICIO DE 15 VIVIENDAS

MEMORIA DESCRIPTIVA:

El objeto del presente presupuesto es el de dotar 15 viviendas con instalaciones individuales de calefacción y producción de agua caliente, utilizando calderas murales mixtas de gas propano.

NECESIDADES TÉRMICAS

Se han calculado las pérdidas de calor por transmisión conforme a los datos que nos proporcionan los diferentes elementos constructivos del edificio, teniendo en cuenta que estas pérdidas se incrementan con los adicionales de la orientación y con la acción del viento. Las temperaturas consideradas como base de nuestros cálculos han sido de 20° C en el interior.

1

CALDERAS:

Las calderas proyectadas son del tipo mural mixtas para calefacción y producción de agua caliente, utilizando como combustible el gas propano. La situación de las mismas será en la cocina de la vivienda, que deberá estar dotada con rejillas de ventilación.
El circuito del agua caliente es independiente al de la calefacción. El caudal medio de agua caliente producido por cada caldera es de 10 a 12 litros por minuto, con un incremento de temperatura de 40° C.

RADIADORES:

Los radiadores son de chapa de acero y van colocados preferentemente bajo las ventanas, tienen 60 cm. de altura y 110 mm. de espesor.
Van situados en las siguientes dependencias: comedor-estar, dormitorios, cuartos de baño, cuartos de aseo y vestíbulo.
Todos los radiadores van provistos de llave de reglaje en la salida y detentor en el retorno, con el fin de poder efectuar un bloqueo individual de cada uno de los radiadores, sin necesidad de vaciar totalmente la instalación.

DISTRIBUCIONES GENERALES:

La distribución general de tuberías en cada vivienda se hará por el sistema bitubular. La instalación se realizará por el suelo de la vivienda. Todas las tuberías van protegidas con pintura de minio.

2

NUESTRO PRESUPUESTO COMPRENDE:

15 unidades de calderas RECALF modelo RGL-439-28 para una potencia térmica máxima de 18.000 Kcal., equipadas con:
— Carcasa esmaltada en blanco.
— Quemador universal tipo atmosférico para gas propano.
— Purgador automático de aire.
— Limitador de temperatura sanitaria.
— Termo-manurreductor.
— Grupo electrobomba para aceleración (totalmente silencioso).
— Selector de temperatura.

15 unidades de conexiones flexibles de aluminio, desde la salida de gases de la caldera hasta la chimenea.

15 llaves de paso cromadas de 1/2" ∅.

15 llaves de macho para vaciado de 1/2" ∅.

173,03 m.^{2} de superficie de radiación en 87 radiadores de chapa de acero.

87 llaves de escuadra cromadas Giacomini a 3/8" ∅.

87 detentores de escuadra cromados Giacomini a 3/8" ∅.

87 purgadores manuales a 1/8" ∅.

218 soportes de radiador en chapa de acero.

3

Tubería de acero negro con soldadura:

— 262 metros lineales de 3/4".

— 603 metros lineales de 1/2".

— 603 metros lineales de 3/8".

Pintura de tuberías con minio.

Transporte de materiales.

Mano de obra realizada por personal especializado.

TOTAL INSTALACIONES DE CALEFACCIÓN CON PRODUCCIÓN DE AGUA CALIENTE .... 2.546.399.—Ptas.

NOTA: Estos precios tendrán una validez de 15 días a partir de la fecha.
Sobre el importe total de este presupuesto se aplicará el 6% correspondiente al I.V.A.

Zamora, 21 de septiembre de 1989

4

EL CUESTIONARIO

Se emplea para obtener información sobre la situación del mercado a través de los vendedores, consumidores, usuarios, detallistas, mayoristas, etc.

Se estructura a base de preguntas muy breves y concretas, cuya respuesta consiste, por lo general, en escoger una de las opciones dadas. Los cuestionarios suelen ir acompañados de una carta explicativa.

EJEMPLO DE CUESTIONARIO:

ASISTENCIA TÉCNICA CANARIA, S.A.

1. ¿Cómo valora el contacto establecido con nuestra Compañía?

   ☐ Excelente ☐ Bueno ☐ Regular ☐ Malo

2. El trato recibido por la persona que realizó la intervención, ¿cómo la evalúa?

   ☐ Excelente ☐ Bueno ☐ Regular ☐ Malo

3. Si tuvo derecho a algún tipo de prestación tras su avería, ¿cómo considera que le fue facilitada?

   ☐ Excelente ☐ Bueno ☐ Regular ☐ Malo

4. ¿La valoración global de la asistencia que usted ha recibido de **ASISTENCIA TÉCNICA CANARIA, S. A.,** es:

   ☐ Excelente ☐ Bueno ☐ Regular ☐ Malo

5. Observaciones y sugerencias:

INSTITUTO DE LENGUAS MODERNAS
MADRID

A los alumnos del Instituto de Lenguas Modernas

1. ¿Le interesaría hacer un «Curso de verano» en el Instituto, durante el verano de 1990?

2. Si le interesa, por favor, indique sus preferencias marcando con una X hasta dos de los siguientes meses y horarios:

   Julio por la mañana ☐
   Julio por la tarde ☐
   Agosto por la mañana ☐
   Agosto por la tarde ☐
   Septiembre por la mañana ☐
   Septiembre por la tarde ☐

3. Indique el horario que prefiere:

   De 9,30 a 12,00 horas ☐
   De 10,00 a 12,30 horas ☐
   De 11,00 a 13,30 horas ☐
   De 12,00 a 14,30 horas ☐
   De 16,00 a 18,30 horas ☐
   De 17,00 a 19,30 horas ☐
   De 18,00 a 20,30 horas ☐
   De 19,00 a 21,30 horas ☐

LA CONVOCATORIA Es un tipo de escrito que utilizan las empresas, los organismos o las instituciones para comunicar la fecha y el orden del día de una asamblea o reunión. La palabra que la identifica debe de ir en mayúscula y en lugar destacado.

EJEMPLO DE CONVOCATORIA

SOCIEDAD RECREATIVA «LOS ÁLAMOS PLATEADOS»

Arenal, 21
21002 HUELVA

ASAMBLEA GENERAL ORDINARIA

CONVOCATORIA

Se pone en conocimiento de los Señores Socios que, en cumplimiento de los artículo 23, 24 y 52 de los Estatutos Sociales, la Asamblea General Ordinaria se celebrará el día 17 de mayo de 1990 a las 18,00 horas en primera convocatoria, en el salón de actos de nuestra sede, c/ Arenal, 21, Huelva, con arreglo al siguiente

ORDEN DEL DÍA

1.º Exposición por la Presidencia de las actividades sociales en el Ejercicio de 1989.

2.º Aprobación del Balance de Situación y Cuenta de Resultados correspondientes al Ejercicio anterior.

3.º Aprobación del Presupuesto para el Ejercicio de 1990.

4.º Ruegos y preguntas.

Las cuentas del Ejercicio de 1989 se encuentran en las oficinas centrales de nuestra Sociedad, a disposición de los Señores Socios que quieran examinarlas, cualquier día laborable de 9,00 a 14,00 horas.

Se recuerda a los Señores Socios que de acuerdo con el artículo 34 de los Estatutos Sociales, para poder asistir a la Asamblea es imprescindible estar al corriente de pago de las cuotas, debiendo exhibir su Tarjeta de Socio para acreditarlo.

Huelva, mayo de 1990

Por el Consejo Directivo

EL PRESIDENTE

EJERCICIOS

23. Ponga el verbo que va entre paréntesis en el tiempo correcto:

— En el presente presupuesto no se .... (incluir) la gestión, el pago de honorarios, ni el I.V.A., que serán a cargo del cliente.

— Confiando en que nuestra oferta .... (ser) de su interés, aprovechamos la oportunidad para saludarles.

— Una copia de la credencial .... (adjuntarse) a cada presupuesto para garantía del cliente.

— La complejidad del problema nos .... (obligar) a enfocarlo desde varios puntos de vista diferentes.

— En un futuro próximo, el Sr. Martínez .... (ser) el responsable de todas las gestiones.

— El informe .... (resultar) totalmente positivo para la empresa.

24. Escriba los antónimos de las siguientes palabras:

breve
respuesta
presente
objetivo
éxito
complejidad
ampliar
exportar

25. Complete las frases siguientes:

— El presupuesto se hace con dos copias, una ....

— El cómputo de los gastos de una obra por anticipado recibe el nombre de ....

— El cuestionario consta de ....

— El texto del informe debe guardar en su presentación ....

— Para obtener información sobre la situación del mercado, servicios, etc., empleamos ....

26. Escriba el significado de cada adjetivo y redacte una frase con cada uno de ellos:

Necesario: ....
Válido: ....
Resuelto: ....
Preparado: ....
Controvertido: ....
Complicado: ....
Interesante: ....
Importante: ....
Exigente: ....

27. Complete las frases siguientes con la preposición más adecuada:

— Nuestra oferta es .... exclusiva y llega .... primera vez a España.

— Esperamos contar .... su visita durante los próximos días.

— La reunión de trabajo tendrá lugar .... la sala de convenciones de nuestra empresa.

— No olvide que estamos a su entera disposición .... cualquier consulta.

— Los envíos se harán por vía marítima .... evitar retrasos.

— Podrá contar .... nuestra colaboración .... todo momento.

28. Redacte un cuestionario para evaluar cuál es el nivel de conocimientos de la redacción comercial entre los alumnos de la clase.

29. Redacte un informe, valorando los resultados obtenidos en clase con el cuestionario de la prueba anterior.

30. ¿Cuál es el significado de las palabras siguientes? Escriba una frase con cada una de ellas:

Aprobación: ....
....
Financiero: ....
....
Orden del día: ....
....
Cuestionario: ....
....
Intermediario: ....
....
Presupuesto: ....
....
Asamblea: ....
....
Estatutos: ....
....
Inversión: ....
....
Informe: ....
....

31. Escriba tres palabras con la misma raíz de cada una de las que van a continuación:

Ampliar: ....
Mediar: ....
Convertir: ....
Proponer: ....
Invertir: ....
Aprobar: ....

32. Acentúe correctamente las palabras que van a continuación, razonando la respuesta con la regla empleada:

deficit
adquisicion
deposito
lider
dinamico
garantia
situa
pais

33. Ponga en el tiempo adecuado los verbos que van entre paréntesis en el texto siguiente:

CATADORES CON QUIMONO

BOSCO ESTERUELAS

España .... (estar) tan lejos de Japón como Japón lo .... (estar) de España. Y por ello no .... (ser) extraño que en un banquete de boda los asistentes .... (paladear) un buen cava español convencidos de que .... (tratarse) de un exquisito champaña francés. Las autoridades japonesas .... (afirmar) que la culpa .... (ser) de los españoles por no haber sabido publicitar suficientemente nuestros vinos y licores en un mercado relativamente virgen y no sencillo. El Gobierno español no .... (compartir) plenamente esta tesis, pero, por si acaso, ... (poner) en marcha, desde el año pasado, un ambicioso programa para dar a conocer más los vinos españoles.

Todo ello no .... (ser) nada fácil, si se .... (tener) en cuenta que el mercado vinícola en Japón .... (ser) todavía irrelevante, pese a que la importación de vinos .... (datar) ya de hace 20 años.

El País, 23 de abril de 1989.

34. Diga qué significan las siguientes palabras y escriba una frase con cada una de ellas:

Banquete: ....
....
Cava: ....
....
Licores: ....
....
Vinícola: ....
....
Paladear: ....
....
Asistente: ....
....
Irrelevante: ....
....

9	DOCUMENTOS OFICIALES

Instancia, oficio, certificado y acta.

LA INSTANCIA

La instancia es un escrito que va dirigido a una persona de rango superior, o bien a un organismo oficial o entidad, para realizar una petición.

Se redacta en tercera persona y con lenguaje claro y preciso. La instancia tiene que seguir un esquema determinado, por eso algunos organismos disponen de instancias impresas, en las que solamente hay que rellenar los espacios en blanco.

D. José Luis San Román Pérez, con domicilio en c/ Mayor, n.º 28, 28003 Madrid, y D.N.I. n.º 62.544.067

EXPONE:

1.º Que es el titular de un establecimiento sito en c/ Arenal, n.º 178, bajo, del que, con fecha 20 de marzo de 1989, solicitó la correspondiente licencia de apertura.

2.º Que con fecha 18 de marzo de 1989 solicitó asimismo la correspondiente Licencia de Obras (Expediente 432/90/12313), recibiendo con fecha 16 de mayo un escrito en el que se le notificaban una serie de deficiencias que debe subsanar para la concesión de la mencionada licencia.

3.º Con relación a las observaciones formuladas, manifiesta que las puertas de acceso al local abren hacia afuera; que la estructura del local no ha sido modificada, respetando los muros y columnas exteriores y ajustando a los mismos la nueva distribución; que el local cumple todos los requisitos establecidos en la Ordenanza Primera de Prevención de Incendios artículos 309.º al 321.º

SOLICITA: Que se continúe la tramitación del expediente y que le sea concedida la licencia solicitada.

Madrid, 22 de mayo de 1989

EXCMO. SR. ALCALDE PRESIDENTE - GERENCIA MUNICIPAL DE URBANISMO - MADRID

EJEMPLO DE INSTANCIA

PARTES DE UNA INSTANCIA

Encabezamiento:

- Datos personales del interesado, o de la firma o razón social que presenta la instancia (nombre, apellidos, domicilio, profesión, número del Documento Nacional de Identidad, etc.).

Cuerpo:

- Exposición de las razones o hechos que motivan la instancia, introducido por la palabra **expone** que...; explicando a continuación las razones en las que se basa la petición.
- Petición que debe ir introducida por la expresión **solicita** que...
- Lugar y fecha en donde se hace el escrito.
- Firma del interesado.

Pie:

- Autoridad u órgano a quien va dirigida la instancia.

DON ....
con D.N.I. n.º .... y domicilio en ....
calle .... n.º ....

EXPONE: ....

SOLICITA: ....

En ...., a ...... de .... de 19......

.... Sr. ....

D. Fernando García Pardo, de profesión constructor, vecino de Madrid, con domicilio en la calle Clara del Rey, 74, provisto de Documento Nacional de Identidad n.º XXXXXXXXX, actuando en representación de la empresa CONSTRUMAT, S.A., en calidad de Gerente de la misma

EXPONE: Que reúne las condiciones y requisitos exigidos para participar en el concurso público para la construcción de viviendas protegidas, convocado por el M.O.P.U.

SOLICITA: Que sea tomada en cuenta su solicitud y que sea incluida en la lista de empresas concursantes.

Madrid, 25 de julio de 1989

(firma)

EXCMO. SR. MINISTRO DE OBRAS PÚBLICAS Y URBANISMO. MADRID

EL OFICIO

Es una comunicación escrita referente a los asuntos del servicio público en los organismos oficiales.

También se consideran oficios las comunicaciones que median entre individuos de diferentes corporaciones particulares para tratar asuntos concernientes a ellas.

EXCMA. DIPUTACIÓN PROVINCIAL
DE LEON

Núm. 7973

El Pleno de esta Diputación, en sesión de 22 de enero último, por unanimidad y de conformidad con lo dictaminado por la Comisión de Cooperación y Acción Municipal, acordó aprobar la liquidación de las obras de:

«SONDEO ARTESIANO PARA EL ABASTECIMIENTO DE AGUA EN SAN ESTEBAN DE VILLANUEVA»

del Plan Provincial 1989. Remanentes 350, por el importe de 7.545.659.- pesetas (SIETE MILLONES QUINIENTAS CUARENTA Y CINCO MIL SEISCIENTAS CINCUENTA Y NUEVE), que han sido ya abonadas en su totalidad al adjudicatario, así como la incoación del oportuno expediente, para la devolución de la fianza depositada, a la vez que ha sido aprobada también la recepción definitiva.

Lo que comunico a usted para su conocimiento y demás efectos.

León, 3 de febrero de 1990

EL SECRETARIO

Sr. Representante de la Empresa «PERFORACIONES DEL NOROESTE, S.A.», adjudicataria de las obras.

EJEMPLO DE OFICIO

TESORERÍA TERRITORIAL DE LA SEGURIDAD SOCIAL
SEVILLA

D. ANTONIO SANTOS GARCÍA, JEFE DE ÁREA DE RECAUDACIÓN EN PERÍODO VOLUNTARIO DE LA ADMINISTRACIÓN DE LA SEGURIDAD SOCIAL DE SEVILLA

CERTIFICA:

Que, según resulta de los antecedentes que constan en esta Tesorería, se comprueba que la empresa 38/654.878/15, REMARE, S.A., dedicada a la actividad de Librería técnica especializada, domiciliada en Sevilla, calle de las Sierpes, 6, ha cotizado las cuotas correspondientes al Régimen General de la Seguridad Social, hasta el mes de octubre de 1989, no teniendo pendiente de ingreso ninguna reclamación por impago de cuotas, ni en vía administrativa ni en vía de apremio.

Y para que conste donde proceda, a petición de la propia empresa, se expide la presente certificación en Sevilla a quince de noviembre de mil novecientos ochenta y nueve.

(firma)

EJEMPLO DE CERTIFICADO

EL CERTIFICADO

Es un documento que sirve para dar constancia de un hecho determinado. Generalmente el certificado se expide a petición del propio interesado, y se redacta en los siguientes términos:

- Nombre, apellidos y cargo de quien lo expide.
- El término **certifica** en lugar destacado.
- Los motivos por los que se expide, y a petición de quien se hace.
- Lugar, fecha y firma.

EL ACTA

Es una relación escrita de todo lo que ha sucedido, ha sido tratado, analizado o acordado en el transcurso de una junta o reunión. El acta incluye la relación de asistentes, los puntos importantes discutidos, las mociones aprobadas y ciertos pormenores que ocurren en la reunión. El acta se elabora tanto en los organismos oficiales como en las entidades privadas.

EJEMPLO DE ACTA

ACTA DE REPLANTEO DE LAS OBRAS DE
«AMPLIACIÓN DE LA RED VIARIA EN ALMARZA (SORIA)»

Reunidos en Almarza (Soria), el día siete de noviembre de mil novecientos noventa y uno, los señores: D. Fernando García Martín, D. Luis Ruiz Albert y D. José M.ª Madroñal Pérez, por la Dirección Técnica de las obras; TRAZADOS Y VÍAS, S.A., como adjudicatorio de las mismas, y D. Javier Ruiz Sánchez, Alcalde-Presidente del Ayuntamiento de Almarza (Soria), se procedió por la Dirección de las obras a llevar a cabo el replanteo de la obra mencionada, fijándose el comienzo de la ejecución de las mismas con esta misma fecha; las obras deberán quedar terminadas antes del día OCHO DE SEPTIEMBRE DE 1989 ....

El Sr. Alcalde-Presidente declara que todos los terrenos que van a ser ocupados por las obras están en este momento libres.

Al mismo tiempo, la Dirección de la obra hace saber que el deber primordial de la Contrata es el de mantener todas las medidas de seguridad en el trabajo, entre las que se encuentran la preocupación constante que han de tener para que las obras estén perfectamente señalizadas, que los operarios lleven obligatoriamente el casco reglamentario, que las excavaciones de cualquier tipo estén perfectamente entibadas para que proporcionen una seguridad completa a los operarios, que durante el tiempo que permanezcan abiertas las zanjas, se establezcan las oportunas medidas de precaución y señalización, etc.

Como viene indicado en el Pliego de Condiciones vigentes para las obras de la que es adjudicataria esa Empresa, y muy especialmente en los artículos 45 y 73 del mismo, en el presente acto se comunica a la Contrata que en el caso de que ocurriera cualquier accidente como consecuencia del incumplimiento de lo citado anteriormente será de su exclusiva responsabilidad, siendo también por cuenta de la Contrata las indemnizaciones a que hubiere lugar por los perjuicios ocasionados a terceros como consecuencia de accidentes debidos a una señalización insuficiente o defectuosa.

Y para que así conste, se levanta la presente ACTA por cuadruplicado ejemplar y a un solo efecto, que firman los señores anteriormente citados, en el lugar y la fecha del encabezamiento.

(FIRMAS)

EJERCICIOS

1. Complete los espacios en blanco con el tiempo más adecuado del verbo *ser* o *estar*, según convenga:

— Nos .... muy grato presentarles esta propuesta.

— El Alcalde-Presidente nos comunica que los terrenos .... libres.

— El solicitante expone que .... el titular de una cuenta de crédito.

— El Banco Central .... en la calle de Alcalá.

— Don Segundo García declara que .... librero y vecino de Barcelona.

— El nuevo presupuesto .... aprobado por los asistentes a la Junta General.

En Madrid, a las 9 horas treinta minutos del día 30 de octubre de 1989, queda constituida en segunda convocatoria la Junta General Extraordinaria de propietarios de la finca sita en la calle Vitrubio, 149, de esta capital, presidiendo la Junta el Vicepresidente de la Comunidad, D. José López y López, y como secretario D. Ubaldo Martínez Díaz, con asistencia de los señores presentes o representados (relacionados al final) y desarrollándose como sigue.

ORDEN DEL DÍA

1.° NOMBRAMIENTO DE LA NUEVA JUNTA DIRECTIVA.—El Sr. López, Vicepresidente de la Comunidad, saluda a los reunidos, teniendo a continuación unas palabras de recuerdo y agradecimiento a la memoria de D. José Velarde (q.e.p.d.), Presidente de la Comunidad, vecino y amigo. Acto seguido se pasa al nombramiento de la nueva Junta Directiva:

PRESIDENTE.—Ante la negativa de los presentes para serlo, se presenta para el cargo D. José López y López (hasta ahora Vicepresidente), dando el consentimiento todos los presentes. Se aprueba por mayoría absoluta que D. José López sea Presidente de la Comunidad.

VICEPRESIDENTE.—Se faculta al Presidente para elegir Vicepresidente. Cuando se conozca el nombre se pondrá en el tablón de anuncios de la Comunidad para conocimiento de todos.

SECRETARIO-ADMINISTRADOR.—Continúa en el cargo para el presente ejercicio el Sr. Martínez Díaz, de conformidad con todos los presentes.

2.° LECTURA Y APROBACIÓN SI PROCEDE DEL ACTA ANTERIOR.—El Secretario da lectura al acta de la Junta anterior, que se ratifica en todo su contenido por los presentes.

3.° SUSCRIPCIÓN DE UNA PÓLIZA DE SEGUROS MULTIRRIESGO DE LA FINCA, SI PROCEDE.—De acuerdo con lo aprobado en la Junta anterior, se presentan varios presupuestos de proyecto de seguros combinados para la Comunidad, que junto con un estudio comparativo de los mismos sirve de base para estudiar qué póliza y compañía sería más conveniente para contratar.

A la vista de los diferentes presupuestos, parece ser que la más idónea es la de SEGUROS EL CENIT, S.A., que importa la cantidad de 288.971 ptas., y tiene una cobertura de daños que abarca los causados por agua en todas las instalaciones, rotura de cristales en todas las partes comunes incluida la fachada, incendio, rayo, explosión, etc., lo que se comunica a todos los vecinos del inmueble para que, en el caso de que tengan algún siniestro o avería en cualquiera de las conducciones, lo pongan en conocimiento del Sr. Presidente o del Sr. Administrador a la mayor brevedad posible, ya que entrará dentro de la cobertura del seguro. Se acuerda que una copia de la póliza suscrita sea colocada en la vitrina de comunicados de la finca.

4.° INFORME SOBRE LA PISCINA.—El Sr. López y López informa a los reunidos de la existencia de diferencias considerables entre el estado actual de las instalaciones de la piscina y las exigidas por los Organismos correspondientes, en vista de lo cual se acuerda pedir varios presupuestos para realizar las obras de acondicionamiento, y una vez que se conozca su importe, se convocará una Junta Extraordinaria para su aprobación y financiación.

5.° RUEGOS Y PREGUNTAS.—Se comenta al igual que en Juntas anteriores la conveniencia de cambiar las alfombras de los pasillos, pues están bastante deterioradas. Ya que en este momento no se dispone de saldo suficiente, se propondrá en otra Junta para su aprobación, si procediese.

Y no habiendo más asuntos que tratar, se levanta la sesión a las veintidós horas treinta minutos del día indicado al comienzo.

EL SECRETARIO-ADMINISTRADOR

RELACIÓN DE ASISTENTES: D. Luis Solís, D. Antonio Peláez, Dña. Milagros Martín, D. Dionisio García, Dña. Avelina Sánchez, D. Fermín Moreno, D. Antonio Montes, Dña. Graciela Ortiz, D. Javier Sáez y D. Luis Mato.

2. **Escriba las abreviaturas que correspondan a las palabras siguientes:**

ustedes	nuestro	Ilustrísimo
pesetas	metro	Sociedad Anónima
kilogramo	Don	cheque
página	centímetro	a cuenta
compañía	artículo	Excelentísimo

3. **Redacte una frase con cada uno de los adjetivos siguientes:**

Excepcional: ....
Imprescindible: ....
Agradable: ....
Oportuno: ....
Atractivo: ....
Actualizado: ....
Adecuado: ....
Especial: ....
Instantáneo: ....

4. **Escriba la preposición que falta en los espacios en blanco:**

— Nuestra Editorial sólo publica .... lengua española.
— Esperamos que ustedes sepan beneficiarse .... las inmejorables condiciones de nuestra oferta.
— Ésta es la mejor ocasión .... disponer de nuestros servicios.
— Seguimos manteniendo nuestra presencia .... este importante mercado.
— Es necesaria la presencia de tres socios .... la aprobación del acta.
— .... el artículo 44 de los Estatutos, la Asamblea quedará constituida con un mínimo de 500 socios.

5. **Busque el antónimo correspondiente en la segunda columna:**

facilidad	dificultad
reanudar	habilitar
permiso	ir
invalidar	especificar
venir	interrumpir
generalizar	prohibición
depreciar	adelantar
retrasar	encarecer

6. **Responda *Verdadero* o *Falso* a las afirmaciones siguientes:**

	V	F
a) El certificado es un documento que se emplea para formular una petición.		
b) La instancia se redacta libremente, sin seguir ningún esquema determinado.		
c) Para comunicar nuestras decisiones a un superior redactamos un acta.		
d) El oficio es una comunicación escrita que se emplea en los organismos oficiales y trata de asuntos del servicio público.		
e) La instancia consta de encabezamiento, cuerpo y pie.		

7. **Separe las sílabas de las palabras que van a continuación:**

bloqueo	apremiar
efectuar	alardear
atmosférico	degustadores
chimenea	seleccionar
artesiano	primicia

8. **Responda *Verdadero* o *Falso* a las frases siguientes:**

	V	F
a) Al redactar una instancia utilizamos la primera persona y el saludo: Muy señor mío.		
b) El documento que sirve para dar constancia de un hecho determinado recibe el hombre de certificado.		
c) En todos los documentos oficiales deben ir claramente expresados los datos personales del interesado.		
d) Al redactar el acta no se debe incluir la relación de asistentes.		
e) La fórmula: «Que Dios guarde a V.I. muchos años» es arcaica y actualmente no se emplea.		

9. Escriba palabras con la misma raíz de:

acción
negocio
bolsa
renta
cubrir
finanza

10. Complete las frases siguientes con el adjetivo más adecuado:

— La rentabilidad de la empresa ha .... considerablemente durante el .... ejercicio.

— Las transformaciones .... en las estructuras de capital de las .... entidades han creado incertidumbre en los .... inversores.

— Los bancos cargan .... tipos de interés en sus operaciones.

11. Coloque las preposiciones que faltan en el texto siguiente:

CAMBIO DE ESTRATEGIA

R.V.

El Banco de España ha ofrecido la primera muestra .... su nueva estrategia .... una inflación que se niega .... descender, inyectando liquidez .... sistema y elevando, de forma directa, el precio .... dinero. El precio .... que el banco emisor ha retirado 130.000 millones de pesetas supera .... medio punto .... precio .... referencia .... dinero, y en una segunda intervención la aportación .... fondos alcanzó ya el 14,5%, de lo que se ha interpretado .... todos los mercados como el inicio de un ajuste .... las tensiones que sigue mostrando la tasa de inflación. Frente a las declaraciones oficiales de que .... ahora no se iban .... adoptar nuevas medidas monetarias, el aumento .... la presión .... Banco de España .... el sistema demuestra un endurecimiento .... las actuaciones .... esta institución.

El País, 23 de abril de 1989.

12. Ponga los verbos que van entre paréntesis en el tiempo adecuado:

— El interesado EXPONE que .... (reunir) todos los requisitos exigidos en la convocatoria.

— La Comisión Dictaminadora .... (acordar), en el último Pleno, aprobar el proyecto de reformas que .... (presentar) el grupo mallorquín.

— Según consta en los archivos consultados, la empresa .... (cotizar) ininterrumpidamente a la Seguridad Social durante los últimos tres años.

— .... (confiar) en que nuestra solicitud .... (ser atendida) en un plazo de tiempo más breve.

— Y para que .... (constar) a petición del interesado, se .... (expedir) el presente certificado.

13. Acentúe, si es preciso, las palabras siguientes:

lider
inmueble
cenit
carcel
ruego
cruzar
solvencia

10 DOCUMENTOS COMERCIALES O MERCANTILES

Factura, albarán, recibo, letra de cambio, pagaré.

LA FACTURA

Es una cuenta detallada de las mercancías vendidas, que la empresa vendedora presenta a sus compradores o clientes.

En la factura se especifican las características de las mercancías (concepto, cantidad, calidad, precio, etc.) y las condiciones en que se ha acordado la venta (forma de pago, financiación, etc.).

En la mayoría de los casos, las empresas tienen facturas impresas en talonarios con varias copias de cada una de ellas.

TRANSFORMADOS
PEALSA S.A.
FUNDADA EN 1894

Teléfono (94) 680 01 00*
Dirección Telegráfica: Pealsa
Telex 31630 Peals E
48800 LA HERRERA (Vizcaya)

- COMPLEJOS DE ALUMINIO, PAPEL Y FILMS PLASTICOS
- PVC RETRACTIL PARA PREETIQUETADO Y PRECINTADO
- PAPEL DE ESTAÑO
- CAPSULAS PARA BOTELLAS
- TUBOS ENVASES COMPRIMIBLES DE ALUMINIO

COD. CLIENTE — N/REFERENCIA — REPRESENTANTE — LA HERRERA (Vizcaya)

S/REFERENCIA

C.I.F./D.N.I.

FACTURA Nº

Nº ALBARAN	CONCEPTO	UNID	CANTIDAD	PRECIO UNITARIO	IMPORTE

IMPORTE MERCANCIA	TRANSPORTES	FINANCIACION	BASE IMPONIBLE	IMPUESTOS %	IMPUESTOS CANTIDAD	IMPORTE TOTAL
				IVA		
				RE		

ENVIADO POR — Nº DE BULTOS
DESTINO — VTOS
FORMA DE PAGO

Las facturas tienen que llevar los siguientes datos:

- Nombre y apellido o razón social, dirección y teléfono del vendedor y del comprador.
- Lugar y fecha.
- Relación detallada de los géneros (concepto, cantidad, calidad, número de unidades, etc.).
- Precio de venta por unidad.
- Costo del transporte.
- Impuestos a cargo del comprador.
- Bonificaciones o descuentos.
- Tipo de transporte y empresa que se hace cargo del mismo.
- Forma de pago
- Número de bultos.
- Peso bruto, neto y tara.

EL ALBARÁN

Es el documento mediante el cual la empresa vendedora anuncia el envío de la mercancía al comprador en el momento de hacer la entrega. De esta manera el cliente se da por enterado del género recibido, y además muestra su conformidad con el mismo.

Generalmente los albaranes se hacen impresos y por triplicado; en el albarán no se suele poner el precio, ya que aquí lo más importante es especificar los detalles referentes a la mercancía en cuanto a cantidad y calidad.

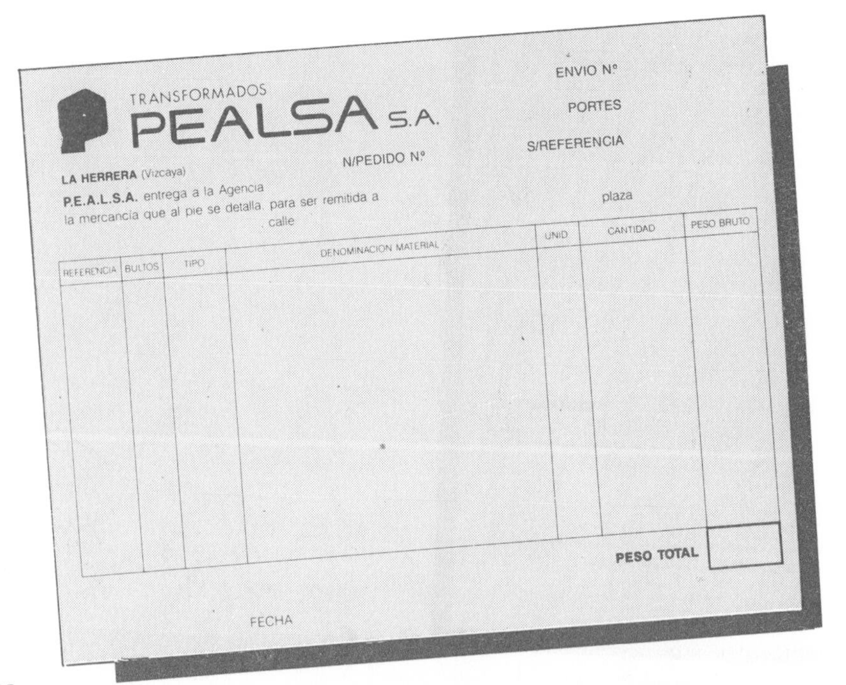

TRANSFORMADOS
PEALSA S.A.

LA HERRERA (Vizcaya)

P.E.A.L.S.A. entrega a la Agencia
la mercancía que al pie se detalla, para ser remitida a
calle

ENVIO Nº
PORTES
S/REFERENCIA
N/PEDIDO Nº
plaza

REFERENCIA	BULTOS	TIPO	DENOMINACION MATERIAL	UNID	CANTIDAD	PESO BRUTO
					PESO TOTAL	

FECHA

EJEMPLO DE ALBARÁN

EL RECIBO

Es un documento en el que se declara haber recibido una cantidad de dinero u otra cosa. Todo recibo tiene que contar con los siguientes datos:

- Lugar y fecha en que se ha extendido el recibo.
- Nombre y apellidos del cliente.
- La cantidad recibida en número y letra.
- La causa por la cual se hace el recibo.
- Firma de la persona que libra el recibo y su cargo en la entidad.

Generalmente los recibos vienen impresos en talonarios con una matriz en el lado izquierdo en donde se escriben los datos fundamentales, y el recibo propiamente dicho en el lado derecho.

EJEMPLO DE RECIBO

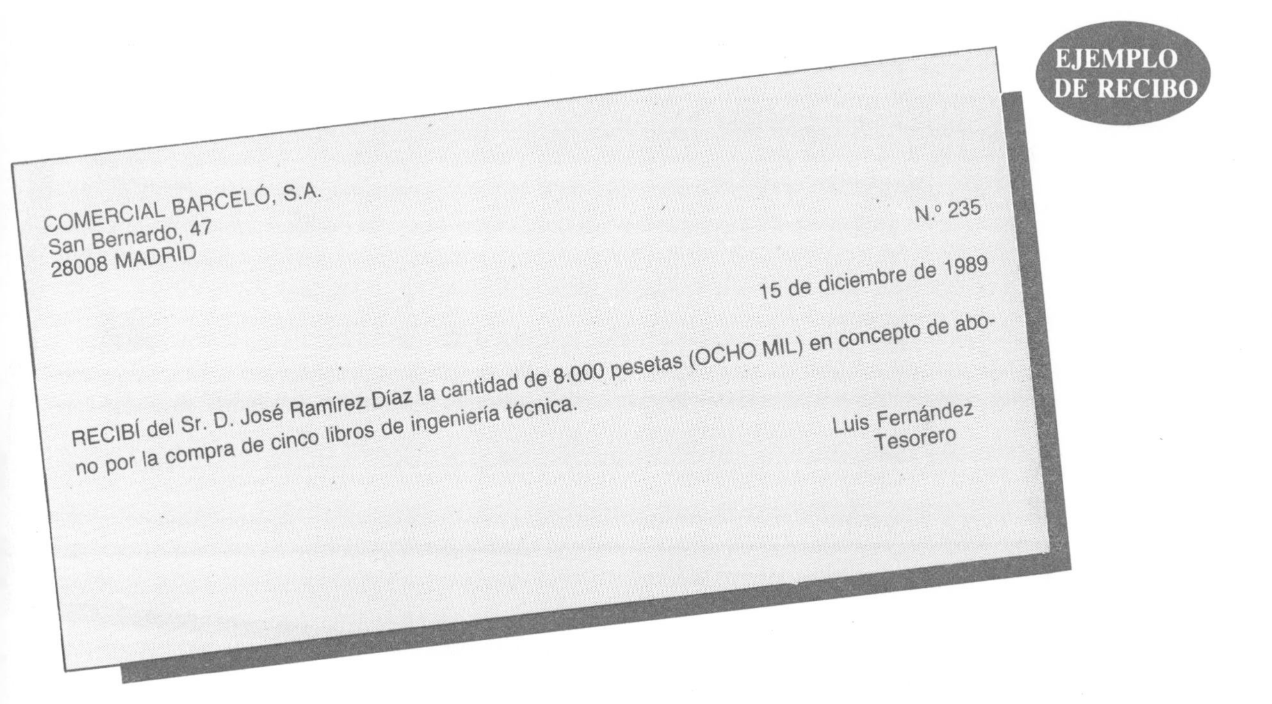

COMERCIAL BARCELÓ, S.A.
San Bernardo, 47
28008 MADRID

N.º 235

15 de diciembre de 1989

RECIBÍ del Sr. D. José Ramírez Díaz la cantidad de 8.000 pesetas (OCHO MIL) en concepto de abono por la compra de cinco libros de ingeniería técnica.

Luis Fernández
Tesorero

LA LETRA DE CAMBIO

Es un documento negociable por el cual el librador (acreedor) ordena al librado (deudor) que pague el importe de la letra a una tercera persona (tomador o beneficiario), a cuyo favor se extiende el documento en la fecha que se indique.

La fecha de pago o vencimiento puede ser de varios tipos:

- A la vista (a/v); es decir, que se paga a su presentación.
- A un plazo de días o meses vista (d/v o m/v), contando ese plazo después de la fecha de expedición de la letra.
- A un día determinado; el pago se hace el día que se indica en el vencimiento.

La letra de cambio debe cumplir los siguientes requisitos:

- Indicar el lugar y la fecha en que se libra la letra.
- Nombre, apellido y razón social o título del librador.
- Nombre, apellido y título del librado.
- Firma autógrafa del librador.
- Vencimiento.

Cuando el tomador de la letra la transmite a otras personas, esta operación recibe el nombre de endoso; es decir, que se cede a otro el derecho de cobro de la letra. La persona que traspasa el derecho es el endosante, y la que lo recibe es el endosatario.

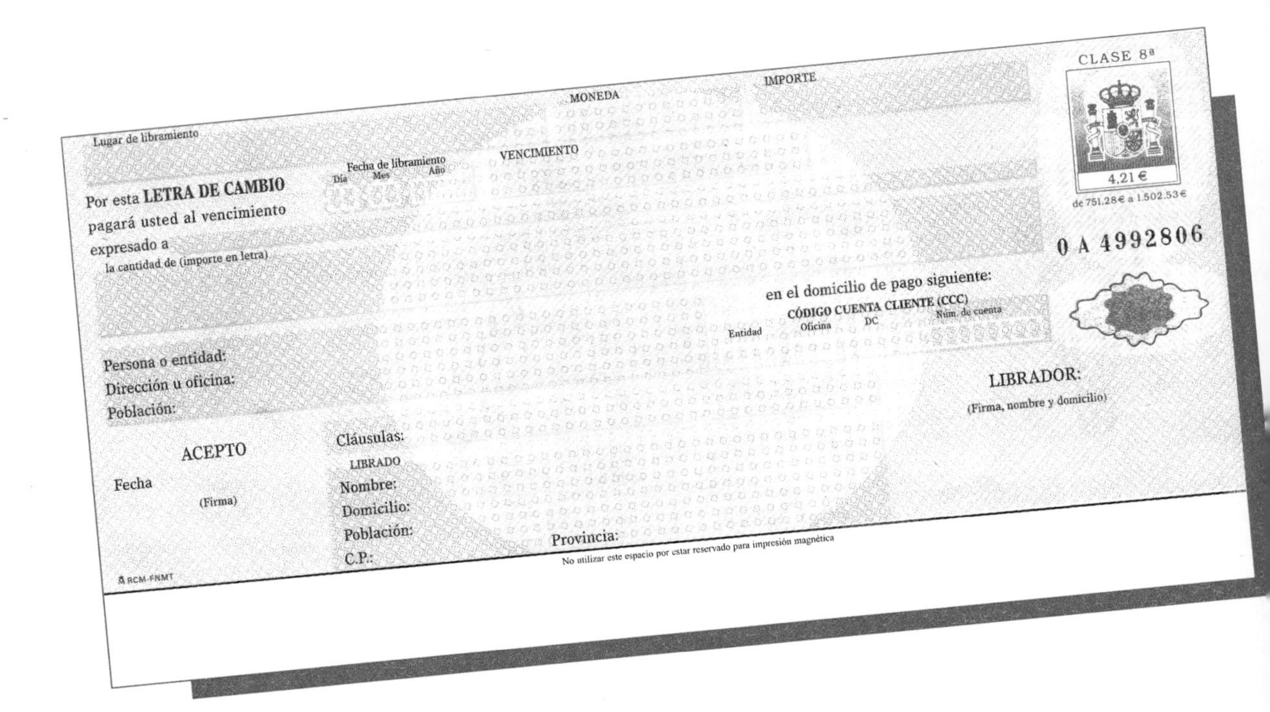

CLASE 8ª

4,21 €

de 751.28€ a 1.502.53€

0 A 4992806

MONEDA IMPORTE

Lugar de libramiento

Fecha de libramiento
Día Mes Año

VENCIMIENTO

Por esta **LETRA DE CAMBIO**
pagará usted al vencimiento
expresado a
la cantidad de (importe en letra)

en el domicilio de pago siguiente:
CÓDIGO CUENTA CLIENTE (CCC)
Entidad Oficina DC Núm. de cuenta

Persona o entidad:
Dirección u oficina:
Población:

LIBRADOR:
(Firma, nombre y domicilio)

ACEPTO
Fecha
(Firma)

Cláusulas:
LIBRADO
Nombre:
Domicilio:
Población:
C.P.: Provincia:

No utilizar este espacio por estar reservado para impresión magnética

RCM-FNMT

EL PAGARÉ

Es un documento o efecto comercial por el cual una persona se compromete a pagar una determinada suma en una fecha y lugar convenidos.

El pagaré debe cumplir los siguientes requisitos:

- Indicar el lugar y la fecha en que se emite.
- Nombre y apellido del acreedor y del deudor.
- La cantidad que se debe pagar.
- Concepto por el que se paga.
- Vencimiento.

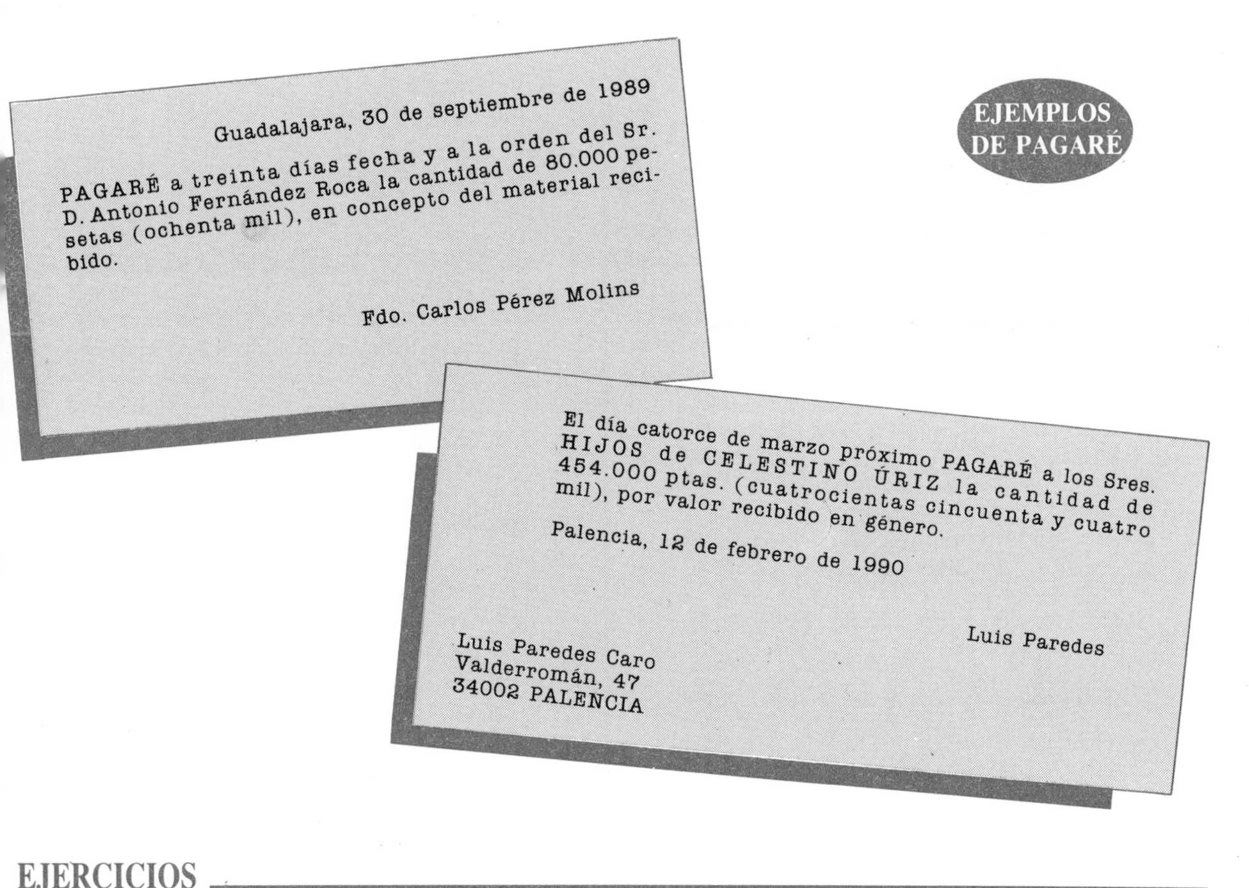

Guadalajara, 30 de septiembre de 1989

PAGARÉ a treinta días fecha y a la orden del Sr. D. Antonio Fernández Roca la cantidad de 80.000 pesetas (ochenta mil), en concepto del material recibido.

Fdo. Carlos Pérez Molins

El día catorce de marzo próximo PAGARÉ a los Sres. HIJOS de CELESTINO ÚRIZ la cantidad de 454.000 ptas. (cuatrocientas cincuenta y cuatro mil), por valor recibido en género.

Palencia, 12 de febrero de 1990

Luis Paredes

Luis Paredes Caro
Valderromán, 47
34002 PALENCIA

EJERCICIOS

1. ¿Cuáles son los datos que tienen que figurar en una letra de cambio?

2. Escriba el significado de las palabras que van a continuación:

requisito	vencimiento
librador	endoso
talonario	entidad
vendedor	razón social
financiación	pertenencias

3. Responda a las siguientes preguntas:

— ¿Para qué sirve el albarán?

— ¿Qué nombre recibe en la letra de cambio el que debe efectuar el pago?

— ¿A qué llamamos factura comercial?

— ¿Quién es el endosatario?

— ¿Para qué se emplea el recibo?

4. Redacte un pagaré con los siguientes datos:

- Vencimiento: a 90 días.
- Acreedor: María Sánchez del Corral.
- Deudor: Alfredo García Burgos.
- Cantidad: 114.428 pesetas.
- Concepto: abono de factura pendiente.
- Lugar y fecha: Pontevedra, 10 de abril de 1990.

5. Escriba palabras con la misma raíz de:

importar
pagar
recibir
deber
comprar
vender
escribir
prestar

6. Complete cada una de las frases siguientes con la locución más adecuada *(tan pronto como, según, siempre que, ya que, antes de que):*

— Debe rellenar los formularios .... se indica en las instrucciones que aparecen al dorso.

— .... el Banco recibió el dinero, procedió a su colocación.

-- Reajustaron los precios .... fuera demasiado tarde y tuvieran pérdidas.

— La productividad ha mejorado considerablemente .... se ha aumentado la plantilla y renovado la maquinaria.

— Las actividades de formación serán positivas .... el personal las realice con interés.

7. Complete los espacios en blanco con las preposiciones más adecuadas:

En 1988, el B.H.A. ha consolidado definitivamente el proceso iniciado .... 1985 de recuperación de su capacidad .... generación .... recuersos y de fortalecimiento de su situación patrimonial, obteniendo .... este último ejercicio unos beneficios acordes, tanto en términos absolutos como en relación .... los activos totales, con los niveles alcanzados .... los grandes Bancos españoles.
Este proceso .... recuperación se ha caracterizado .... un fuerte crecimiento de los recursos generados en la actividad bancaria normal y por la realización .... un corto período de tiempo de elevadas dotaciones .... fondos de provisiones.

(Resumen del Ejercicio de 1988, B.H.A.)

8. Explique qué significan en el texto anterior:

Consolidar: ....
Generación de recursos: ....
Situación patrimonial: ....
Ejercicio: ....
Beneficios: ....
Activos totales: ....
Actividad bancaria: ....
Dotaciones: ....

9. Separe las sílabas de las palabras que siguen:

consolidar
productividad
período
recuperación
desenvolver
ejercicio
adecuado
función

10. Ponga en el tiempo correcto los verbos que van entre paréntesis:

— Les .... (roga) que me .... (enviar) lo antes posible los formularios solicitados.

— Esperamos que nuestras órdenes de mercancías .... (ser atendido) con eficacia y rapidez.

— Nuestra firma .... (trabajar) con el Banco de Santander hasta la fecha.

— La empresa vendedora .... (comprometerse) a entregar las llaves en un plazo máximo de tres meses.

— Se .... (autorizar) al secretario para que .... (realizar) las gestiones necesarias.

— Les .... (rogar) que a partir del próximo día 1 de enero .... (ordenar) todos los pagos con cargo a mi cuenta.

11. Escribir una frase con cada uno de los adjetivos que van a continuación:

Reclamado: ....
Estropeado: ....
Acabado: ....
Activo: ....
Eficaz: ....
Experto: ....
Sorprendente: ....

III
El lenguaje publicitario

11 LA PUBLICIDAD

La publicidad constituye un verdadero modelo comunicativo cuya finalidad consiste en dar a conocer un producto para provocar la demanda de su consumo.

El anuncio consiste en un conjunto de palabras y/o imágenes que forman el mensaje, éste tiene un objetivo fundamental comercial, que trata de alcanzar a través de la información (del producto que ofrece) y de la persuasión (del receptor al que va destinado).

El lenguaje publicitario se caracteriza por ser **breve, conciso, enfático, atractivo** y **persuasivo,** de tal manera que el lector u oyente fije su atención en el anuncio y posteriormente lo recuerde.

En el lenguaje publicitario se emplean recursos de todo tipo (fonéticos, ortográficos, gramaticales, retóricos, etc.), entre los más empleados destacan:

— Ausencia de verbo en la frase, lo cual le da un carácter más directo:

«Coca-Cola, la chispa de la vida.»
«Frío, seco, inconfundible, **LA INA** DOMECQ.»

— Empleo de palabras expresivas y sonoras, usando incluso rimas, textos pegadizos o juegos de palabras:

«La suela no es cara, es cuero.»
«Algunos presumen de Oporto y son de otro puerto. VINHO DO PORTO.»

— Utilización frecuente del imperativo:

«¡Decídete ya! Curso académico en U.S.A.»
«Invierta en obligaciones. No se arrepentirá.»

— Afirmaciones contundentes para convencer directamente:

«Nuevo Renault 19 Diesel **DERROCHE DE FUERZA.**»
«LOS QUE ELIGEN UN VÍDEO PHILIPS ESTÁN BIEN INFORMADOS»

— Gran cantidad de adjetivos para resaltar las cualidades del producto:

«Se vende EXCELENTE COMPLEJO TURÍSTICO NUEVO»
«Un diseño arrogante, una imagen fascinante. **SANYO**.»

— Abundancia de superlativos:

«Nuestros productos son de **primerísima** calidad.

— Empleo frecuente de la pasiva refleja:

«Se valorará experiencia en puestos similares».
«Se ofrece puesto fijo de plantilla»

— Exageraciones desmesuradas, lenguaje hiperbólico. Empleo de figuras literarias:

«PEUGEOT 205 *CONTIGO AL FIN DEL MUNDO.*»
«Agfa rompe la barrera del color.»
«La mujer es una isla. FIDJI su perfume.»

EJERCICIOS

1. Explique los recursos expresivos que se han empleado en cada uno de los anuncios que van a continuación.

IMPORTANTE
EMPRESA TEXTIL
RADICADA EN ANDALUCÍA OCCIDENTAL
PRECISA
DIRECTOR DE PERSONAL

Asumirá la responsabilidad de:
- Gestión de personal.
- Valoración de puestos.
- Selección y formación.
- Análisis y mejoras de motivaciones.
- Relaciones laborales, etc.

SE REQUIERE:
- Titulado superior.
- Edad entre 30 y 40 años.
- Amplia experiencia en la Dirección de Personal en Empresas de amplio número de trabajadores.
- Residencia en la ciudad donde se ubica la Empresa.

SE OFRECE:
- Incorporación inmediata.
- Retribución orientativa: 4-5 millones, según valía y experiencia del candidato.

Interesados, enviar urgentemente sus datos personales, fotografía reciente y *curriculum vitae* al apartado de Correos 36.116 de Madrid, indicando en el sobre la referencia: TP-44.

¿PISOS? MEJOR CON PLADUR.
AISLANTE, LIMPIO, ECONOMICO Y RESISTENTE.
SISTEMAS

Tel. (91) 405 55 12
Visite stand PLADUR en EXPO-OCIO

INVERSORES
COLOCAMOS SUS FONDOS CON ALTA RENTABILIDAD Y GARANTÍA. INVIERTA CON TRANQUILIDAD Y CONFIANZA

CÍRCULO INVERSOR
ASESORES INV. Y FINANCIEROS
MADRID: Teléfono 431 29 01. **BARCELONA:** Teléfono 410 93 46

¡ ASOMBROSO !
APARTAMENTOS JUNTO
BENIDORM
3.950.000 PESETAS
Teléfonos 96 / 377 77 82 y 96 / 377 09 01

EMPRESA CONSULTORA DE ORGANIZACION DE EMPRESAS NECESITA CUBRIR PUESTO PARA
EJECUTIVO DE ALTO NIVEL
CON MUCHO EMPUJE

SE REQUIERE:
- Dotes de mando y temperamento.
- Formación acorde Ingeniero o Economista.
- Experiencia mínima de 3 años en puestos de responsabilidad.
- Disponibilidad para hacer cortos desplazamientos en zona centro.
- Edad entre 30 ó 40 años.

SE OFRECE:
- Jornada laboral de lunes a viernes.
- Retribución por encima de la media de directivos.
- Gastos y dietas pagados.
- Contrato laboral. Alta en Seguridad Social.
- Reconocimiento de la valía personal.
- Incorporación inmediata.

Interesados enviar urgentemente Currículum con fotografía reciente al **Apartado de Correos n.° 158. 28080 MADRID** ***Referencia 1.814.***

Analista

Contacte con nosotros

Envíe su Currículum a ser posible con fotografía, a: **Aurora Iglesias, NCR ESPAÑA, S.A., Referencia: ANALISTA, c/ Albacete, 1, 28027 MADRID.**

Con el fin de reforzar nuestro equipo de sistemas, queremos incorporar un auténtico profesional para trabajar, desde nuestra Oficina Central en MADRID, en el área de Seguros.

PENSAMOS EN ALGUIEN CON:
- Formación universitaria.
- Experiencia mínima de dos años en la aplicación de soluciones informáticas al mercado de Seguros.
- Experiencia de al menos un año en B.D. Relacionales -ORACLE- y en S.O. UNIX.

VALORAREMOS:
- Conocimiento de comunicaciones.
- Sistemas expertos.
- Nivel de Inglés.

OFRECEMOS:
- Formación permanente en tecnología informática de vanguardia.
- Integración en un equipo de profesionales altamente cualificados.
- Desarrollo profesional y remuneración en función de la valía y experiencia aportadas.

Contacte con nosotros

Mecanógrafas
Secretarias
Secretarias Bilingües

En ayuda temporal no se puede improvisar. Asegúrese el triunfo!!

Word Processing
Operadores
Contables
Telefonistas
Azafatas
Telemarketing
Delineantes
Guardas
Ayte. almacen

Córcega 372 2 1 08037 Barcelona
Tels (93) 258 11 01/02 258 84 01/02
Av. Diagonal 611 6ºB 08028 Barcelona
Tel (93) 419 42 88
Sta Tecla 6 08012 Barcelona
Tels (93) 237 02 77 237 00 41
Raimundo Fdez Villaverde 30 Desp 5
28003 Madrid Tels (91) 233 03 09

BP ESPAÑA, S.A.

para sus oficinas en Madrid precisa

SECRETARIA BILINGÜE DE DIRECCION

Desarrollará su trabajo en el Centro Corporativo de la Compañía.

SE REQUIERE:

- Dominio absoluto del idioma inglés (condición indispensable).
- Conocimientos de uso de procesador de textos.
- Experiencia mínima de dos años en puesto semejante.
- Buen nivel cultural (mínimo COU/Secretariado Internacional).

SE OFRECE:

- Salario muy competitivo, según experiencia y conocimientos.
- Beneficios sociales y jornada intensiva en verano.
- Ambiente de trabajo agradable en lugar céntrico.
- Posibilidades de promoción profesional.

Todas las candidaturas serán tratadas de forma confidencial. Las personas interesadas deberán enviar historial profesional detallado y fotografía reciente a

BP España, S.A.
Dpto. de Personal - Ref. SBD
P.º de la Castellana, 91.
28046 - Madrid.

TU FUTURO EN PROSEGUR

SOMOS LA PRIMERA COMPAÑIA DE SEGURIDAD...

- Si tienes entre 18 y 24 años
- Mides 1,80 de estatura mínima
- Posees Graduado Escolar
- Y estas libre del Servicio Militar

TE OFRECEMOS
INCORPORACION INMEDIATA
FORMACION A CARGO DE LA EMPRESA
EXCELENTE REMUNERACION ECONOMICA
POSIBILIDADES DE PROMOCION
ESTABILIDAD LABORAL

El proceso de selección se realizará en Madrid
(Se valorarán conocimientos de ingles)

Ven a visitarnos o escríbenos al CENTRO NACIONAL DE FORMACION. Dpto. de Recursos Humanos, C/ Pajaritos, 22 - 28007 MADRID. Telf. 91/589 85 00 - 433 62 00

Autorizado por la Dirección de Seguridad del Estado con el nº 112 de fecha 22-7-76

2. Redacte un anuncio publicitario con los siguientes datos:

- Un laboratorio farmacéutico que tiene varias filiales en España e Hispanoamérica quiere contratar una persona para desempeñar el puesto de JEFE DE MANTENIMIENTO. Las funciones que realizará serán las de supervisión y programación del mantenimiento, para ello deberá poseer el título de Ingeniero Técnico Superior Industrial, con perfecto dominio del idioma inglés y experiencia laboral de dos años. El salario estará en función de la valía del candidato con amplias posibilidades de promoción.

- La dirección es: HISPAFARMA, S.A. Plaza de la Independencia, 53. 28001 MADRID.

3. Conteste al anuncio redactando una carta y un currículum vitae para solicitar el puesto de trabajo ofrecido.

IMPORTANTE EMPRESA DE INGENIERIA PRECISA

TITULADOS SUPERIORES

(Ingeniería, Físicas, Químicas)

Con experiencia en:
Seguridad Nuclear/Protección Radiológica y Fiabilidad/Analisis de Riesgos.

Sin experiencia:
Con formación académica preferentemente energetica, de las ultimas promociones y con buen expediente.

SE REQUIERE
Libre de Servicio Militar.
Conocimientos de inglés.

Enviar currículum vitae con fotocopia del expediente académico y fotografía reciente al **Apartado 10.289 - 28080 - MADRID**

4. Redacte una carta interesándose por la compra del edificio del anuncio.

SE VENDE EDIFICIO

APTO PARA OFICINAS

USO EXCLUSIVO

- **Junto carretera de La Coruña.**
- **4.000 m² construidos en tres plantas.**

Interesados, escribir al apartado correos 82.048 Referencia EDIFICIO

5. Diga qué recursos del lenguaje publicitario se han empleado en las frases siguientes:

1. «Con el 50% de su presupuesto ahorre el 100% de su oficina»

2. «¡Asegúrese el triunfo!»
3. «Valentine. **Vale.**»
4. *«En mangas de camisa se nota la diferencia.* CAMISERÍA A MEDIDA.»
5. «Apartamentos en **primerísima** línea de mar.»
6. «El dinero ya no se lleva. Llévese la tarjeta Cajamadrid.»
7. *«Vive una nueva aventura.* CLOSE-UP.»
8. «GRECIA. Placeres muy clásicos.»
9. «Si no le dan el interés que Ud. quiere, hable con nosotros. *Le interesa».*
10. «Colores más intensos. Máxima nitidez. AGFA.»

6. Complete las preposiciones que faltan en las frases siguientes:

— Una de las primeras firmas .... distribución, ... fase .... expansión, precisa cubrir puestos .... Jefe .... Personal .... sus Centros comerciales.

— Amplias posibilidades .... promoción .... nuestra organización.

— Los interesados deberán dirigirse .... escrito .... Apartado de Correos, 43.989 .... Barcelona.

— Pensamos .... personas jóvenes .... dos años .... experiencia .... un puesto similar.

— Dedicamos especial atención .... la formación .... personal, ... lo que contamos .... amplias expectativas .... promoción.

7. Busque el antónimo correspondiente en la segunda columna:

primera	olvidar
recordar	realidad
importante	imaginario
proyecto	última
menosprecio	insignificante
real	preferido
envolver	ignorar
saber	desenvolver

8. Redacte una frase con cada uno de los adjetivos siguientes:

Atractivo: ....
Seguro: ....
Prodigioso: ....
Disponible: ....
Importante: ....
Dinámico: ....
Actual: ....

IV
Algunos ejemplos de redacción

12 LA REDACCIÓN EN LOS PAÍSES DE HABLA HISPANA

Memorando, aviso, tarjeta postal, cartas.

EL MEMORANDO

En términos generales, la redacción comercial no presenta grandes diferencias en cuanto a la manera de confeccionar los diversos tipos de escritos, salvo las variadas formas de expresión que podemos encontrar en los diferentes países de habla española.

El memorándum, memorando o «memo» es una comunicación breve de carácter informal que se produce dentro de la misma empresa. Generalmente consta de las siguientes partes:

- Membrete.
- La palaba **memorando.**
- La fecha.
- Destinatario (A:).
- Remitente (DE:).
- Asunto.
- Mensaje o texto.
- Iniciales de identificación o firma.

EJEMPLO MEMORANDO

EMPRESAS ECUATORIANAS
QUITO
Montalvo, 132

18 de mayo de 1989

A: Ramón Lamas
DE: Gerente de Ventas
ASUNTO: Nueva estrategia de ventas.

De acuerdo con nuestro programa de producción y ventas, el Directorio aprobó comenzar desde la próxima semana una serie de charlas para el personal de ventas, a fin de mejorar su desempeño. Le envío adjunto el horario. Las charlas incluirán: Técnica de ventas, Psicología del cliente, el Arte de persuadir y Venta en provincias.

Sírvase organizar al personal en grupos adecuados para que podamos utilizar las instalaciones de nuestra sala de reuniones en forma provechosa y conveniente.

H.R.

EL AVISO

Es una comunicación sencilla y breve, que debe ser redactada con un lenguaje claro, preciso y conciso. Generalmente se estructura en un solo bloque, sin encabezamiento ni despedida.

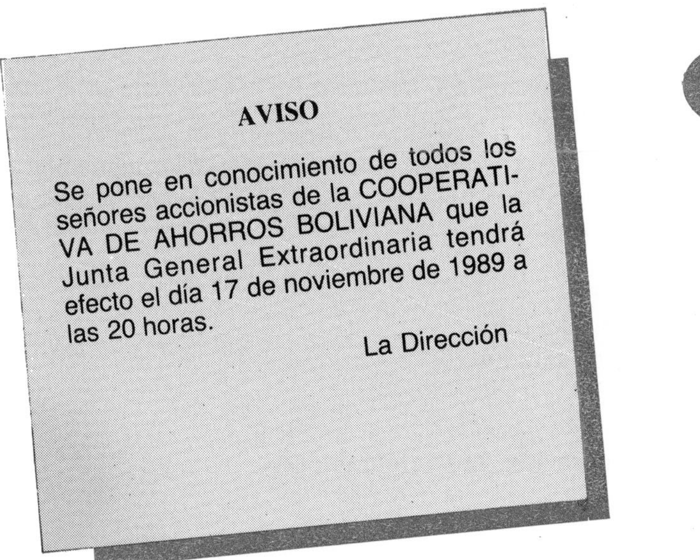

AVISO

Se pone en conocimiento de todos los señores accionistas de la COOPERATIVA DE AHORROS BOLIVIANA que la Junta General Extraordinaria tendrá efecto el día 17 de noviembre de 1989 a las 20 horas.

La Dirección

EJEMPLO DE AVISO

LA TARJETA POSTAL

Se utiliza cuando se quieren realizar comunicaciones breves con el exterior de la empresa; es decir, fuera de los límites naturales de la oficina o negociado. Se puede emplear cualquier tarjeta, aunque lo más frecuente es adquirirlas en las oficinas de correos. El mensaje que queremos comunicar va escrito en la cara posterior con el siguiente esquema:

- Saludo.
- Mensaje.
- Despedida.
- Firma.
- Fecha.

En la cara anterior se ponen las direcciones del destinatario y remitente.

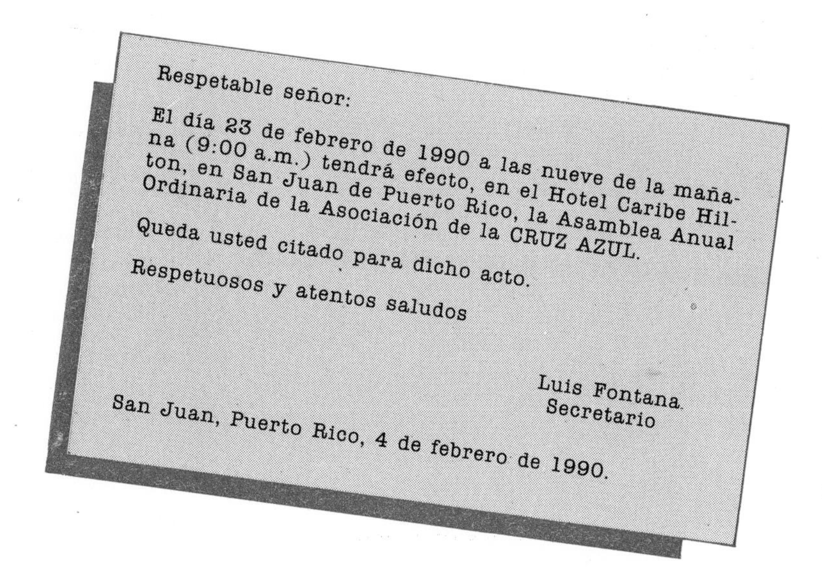

Respetable señor:

El día 23 de febrero de 1990 a las nueve de la mañana (9:00 a.m.) tendrá efecto, en el Hotel Caribe Hilton, en San Juan de Puerto Rico, la Asamblea Anual Ordinaria de la Asociación de la CRUZ AZUL.

Queda usted citado para dicho acto.

Respetuosos y atentos saludos

Luis Fontana.
Secretario

San Juan, Puerto Rico, 4 de febrero de 1990.

EJEMPLOS DE CARTAS:

Las diferencias más acusadas las encontramos en las fórmulas del saludo, en donde junto con las que se emplean comúnmente en España *(Señor:, Estimado señor:, Distinguido señor:, Apreciado señor:)*, vemos otras como:

- Respetable señor:
- Honorable señor:
- Muy estimado cliente:
- Compatriota y amigo:

En la despedida también encontramos, además de las fórmulas habituales en España *(Atentamente, Sinceramente, Saludos cordiales, Reciban mis atentos saludos)*, otras como:

- De usted sinceramente,
- Quedo de usted atentamente,
- Respetuosos y atentos saludos,
- Suyo afectísimo,
- Sinceros afectos,
- Con la mayor consideración, muy atentamente,

EMPRESAS INTERNACIONALES, Inc.
Avda. Los Héroes, 43 - San Salvador, El Salvador C.A.

6 de diciembre de 1989

Lic. Jorge Luis Benítez
Apartado 32.701
San Salvador

Muy estimado cliente:

Lamentamos vernos en la necesidad de devolverle los pedidos enviados por usted, pero nuestra decisión está basada en las circunstancias adversas por las cuales está atravesando nuestra empresa debido a los dos últimos temporales sufridos.

En cuanto las circunstancias cambien, estaremos en disposición de reconsiderar sus pedidos.

Sinceros afectos,

EMPRESAS INTERNACIONALES
Ignacio Rivera
Gerente

ALMACÉN DE LIBRERÍA «LA DOMINICANA»
Duarte, 25
Santo Domingo, R.D.

15 de marzo de 1989

Señores Rubén Higueras e hijos
Apartado 23.400
Santo Domingo

Respetables señores:

Tenemos el deber de comunicarles que por disposición del Señor Presidente de la Compañía, a partir del 5 de marzo todos los pedidos que nos hagan deberán venir acompañados del 30% de su importe total.

Sugerimos, como mejor solución, que nos manden un giro bancario.

Confiamos en que esta medida no deteriore las buenas relaciones que siempre hemos mantenido, y en consecuencia sigan favoreciéndonos con sus gratas órdenes.

Atentamente,

Rafael Iriarte
Gerente

EJEMPLOS DE CARTAS COMERCIALES

BANCA INDUSTRIAL
Quevedo, 132 MÉXICO, D.F

24 de abril de 1989

Sr. Miguel Torres
Independencia, 45
México, D.F.

Estimado señor Torres:

De acuerdo con nuestra conversación telefónica, hemos cambiado la fecha de vencimiento de sus pagos para el día último de cada mes. Para su conveniencia le enviamos un nuevo libro de talones.

Esperamos haberle complacido en su petición y aprovechamos la oportunidad para expresarle nuestro reconocimiento.

De usted sinceramente,

Alberto Márquez

ASEGURADORA DOMINICANA
Moreno, 547
SANTO DOMINGO, R.D.

15 de mayo de 1989

Sr. Fernando Soria
Independencia, 75
Santo Domingo

Estimado amigo:

Me es grato comunicarle que recientemente ha sido designado Representante General de la Aseguradora Dominicana para toda el área de América Central y México.

Algunos amigos comunes me han proporcionado su dirección y me han recomendado que lo visite. Yo estaré en Santo Domingo durante la primera semana de junio.

¿Se ha parado usted alguna vez a pensar la enorme tranquilidad que supone hacerse un seguro de vida? ¿Le sería posible dedicarme una hora, segun su conveniencia, para hablar de todo ello?

Le incluyo algunos prospectos en los que usted podrá apreciar las diferentes modalidades de seguros que ofrece nuestra empresa; así nuestra entrevista puede ser más fructífera.

En espera de sus noticias, quedo de usted atentamente,

Gustavo Duarte

Anexo: Folletos explicativos.

ELLE

V
Los servicios telemáticos

13 EL ORDENADOR PERSONAL

El empleo del ordenador o computadora —también conocido como PC (del inglés Personal Computer)— junto con el acceso a la Red ha sido para la oficina moderna una revolución sin precedentes, pues permite llevar a cabo misiones antes impensables, además de suponer un ahorro de tiempo considerable. Por este motivo su introducción en la empresa se ha realizado de forma masiva en los últimos años.

El ordenador es una máquina que acepta y procesa datos y proporciona los resultados bajo el control de un programa almacenado.

El **hardware** engloba los componentes físicos que constituyen el ordenador personal y los denominados "periféricos", que conectados al PC nos permiten sacar más provecho de su capacidad, así como aumentar sus posibilidades. El **hardware** está compuesto, por tanto, por los elementos que configuran la máquina y que le dan una serie de características y potenciales.

Dado el elevado número de periféricos disponibles en el mercado para un ordenador, es imposible hacer aquí una lista completa de todos ellos, pues además cada día salen al mercado nuevos componentes o actualizaciones de los mismos, fruto de la investigación y del avance tecnológico del sector. Entre los componentes básicos se pueden citar:

1. La *unidad central.* Es aquella en la que se encuentran los componentes principales que hacen funcionar al PC, como son:

— la fuente de alimentación
— la placa principal con sus circuitos (microprocesador, memoria RAM, memoria caché, etcétera)
— los conectores o ranuras de expansión y las unidades de disco (disco duro, disqueteras, CD-ROM, controladora del disco duro)
— la tarjeta gráfica

2. El *monitor o pantalla del ordenador.* Es el componente que permite al usuario controlar de forma visual la información que está introduciendo en el ordenador, así como la que puede estar recibiendo de éste. La calidad de la imagen de un monitor depende —además de sus particularidades técnicas—, de si la tarjeta gráfica utilizada es la más adecuada y si está correctamente compatibilizada. La tarjeta gráfica es el componente que hace de intermediario entre el microprocesador y el monitor.

3. El *teclado.* Es el dispositivo de entrada principal al ordenador, si bien la popularización de programas como Windows ha incrementado en los últimos años la importancia del ratón como mecanismo de entrada. Del mismo modo que otros periféricos del ordenador, los teclados han evolucionado con el tiempo y hemos pasado de los primitivos de 83 teclas, a los ergonómicos con formas complejas o los diseñados expresamente para trabajar con sistemas operativos determinados, como por ejemplo Windows.

4. El *ratón.* Es un dispositivo fundamental de entrada al ordenador, y se ha convertido en una herramienta indispensable, sobre todo para trabajar con entornos gráficos. Se emplea básicamente para introducir el movimiento físico. El movimiento queda registrado por el ordenador cuando se desplaza sobre una superficie, y es transferido al programa de aplicación. Por lo general casi todas las aplicaciones suelen indicar la posición del ratón en la pantalla con una pequeña flecha llamada *cursor* o puntero del ratón.

5. La *impresora.* Su función principal es la de obtener una copia en papel de los datos almacenados en el ordenador. Existen distintos tipos de impresora, clasificados a partir del mecanismo de impresión (chorro o inyección de tinta, láser, etc.) o de la velocidad.

6. El *escáner.* Está diseñado para registrar caracteres escritos, o gráficos en forma de fotografías o dibujos, impresos en una hoja de papel. El escáner convierte las imágenes del papel en información binaria, de forma que sea comprensible para el ordenador y facilitando de este modo su entrada en él.

7. *Módem y fax.* Son los periféricos que hacen posible la conexión del ordenador a las redes telefónicas de todo el mundo, necesaria en cualquier oficina para mantener un intercambio de datos e información constante de forma rápida y precisa. El módem es el verdadero conector, y el que permite la salida y recepción de la información. Modifica las señales digitales procedentes del ordenador en analógicas para la comunicación por las líneas convencionales, o a la inversa: lee éstas y las hace comprensibles para el ordenador, según se efectúen operaciones como emisor o como receptor. Existen varias formas de codificar esta información, y de ahí que los módem se diferencien unos de otros por sus velocidades de transmisión. Los aparatos módem pueden desempeñar además la función de fax, lo que implica que pueden volcar a la red telefónica cualquier documento contenido en el ordenador para ser recibido en un dispositivo de fax convencional.

8. *Multimedia.* Este concepto hace referencia al tipo de información que puede ser transmitida simultáneamente por diferentes medios. Un sistema multimedia de gran arraigo es, por ejemplo, el televisor común. En el ámbito del PC suele emplearse este término en relación con la reproducción de imágenes animadas y de sonido. El ordenador multimedia estándar se limita a describir las exigencias que estos sistemas le plantean al **hardware** y se concretan fundamentalmente en tres:

- **Lector de CD-ROM** que permite al ordenador recibir la información contenida en discos compactos. Existe una grandísima variedad de lectores que se diferencian principalmente unos de otros en la velocidad de lectura.
- **Tarjeta de sonido** que posibilita la generación de sonidos por parte de nuestro ordenador con calidad suficiente. En función de las necesidades que se quieran cubrir existen tarjetas que generan hasta 48 voces y que cuentan con multitud de efectos de sonido.
- **Tarjeta de vídeo** que permite editar imágenes y modificarlas informáticamente, para realizar trabajos en un entorno multimedia. En

general son compatibles con los sistemas de vídeo comúnmente usados, y su complejidad va en aumento cuanto más profesional sea su uso.

El **software** es el conjunto de instrucciones electrónicas que indican al ordenador qué es lo que tiene que hacer. También se puede decir que son los programas usados para dirigir las funciones de un **hardware**. Estos programas se renuevan constantemente ofreciendo nuevas posibilidades, de ahí que de uno determinado puedan existir simultáneamente en el mercado distintas versiones en función de su perfeccionamiento.

Existen tres tipos de **software:**

a) Sistema operativo: controla la ejecución de todas las aplicaciones y de los programas de **software** del sistema.
b) Programas de ampliación: también llamados **software** de aplicación; son el **software** diseñado y escrito para realizar una tarea específica, ya sea personal, o de procesamiento.
c) Lenguajes de programación: son las herramientas empleadas por el usuario para desarrollar los programas que luego van a ser ejecutados por el ordenador.

Los sistemas operativos son programas que administran los recursos del ordenador; le indican cómo interactuar con el usuario y cómo usar los dispositivos: discos duros, teclado y monitor. Las principales características de un sistema operativo son:

- Es el núcleo de toda la actividad del **software**.
- Muestra en el monitor y controla todas las entradas y salidas del **hardware**.
- Responde a las indicaciones provenientes del usuario, o de un conjunto previamente definido de comandos.
- Controla la ejecución de varios programas de forma simultánea.
- Informa al usuario de cualquier error que presente la máquina.

Sus funciones básicas son:

- Controlar las operaciones de entrada y salida.
- Cargar, iniciar y supervisar la ejecución de los trabajos.
- Detectar errores.
- Controlar las interrupciones causadas por los errores.
- Asignar memoria a cada tarea.
- Manejar el multiproceso, la multiprogramación, la memoria virtual, etcétera.

Los sistemas operativos se clasifican en los de usuario único, de tipo simple; se dedica a un solo programa a la vez. Y usuario múltiple, de tipo general; puede satisfacer las exigencias de usuarios múltiples con los recursos de programas y máquina de que se dispone.

El **software** de aplicación describe programas para que el usuario pueda realizar casi cualquier tarea. Este tipo de **software** puede ser utilizado en cualquier instalación informática, independientemente del empleo que vayamos a hacer de ella.

Existen numerosos programas, entre los que se encuentran: los procesadores de texto, las hojas de cálculo, los programas de diseño gráfico y autoedición, las bases de datos, etcétera.

14 INTERNET

Gracias a las Tecnologías de la Información y la Comunicación (TIC), durante los últimos años se han desarrollado diversos sistemas de comunicación mediante ordenadores, cuyo exponente paradigmático es Internet, que ha sido denominado "la red de redes". Su espacio puede entenderse como una amplísima red electrónica formada por ordenadores conectados entre sí, cuyo elemento principal o actividad última es la información, que ofrece al usuario un empleo interactivo en el que se integran espacio y tiempo y que constituye un nuevo medio de comunicación.

El ordenador, las telecomunicaciones y los sistemas audiovisuales confluyen en Internet hacia un mismo fin, que ha sido considerado como una nueva revolución. Ésta también ha sido llamada la revolución del conocimiento, debido a las transformaciones que está produciendo en los paradigmas convencionales de la enseñanza/aprendizaje, en el mundo del trabajo y en definitiva, en la comunicación.

Uno de los principales logros de las TIC ha sido permitir el desarrollo de nuevos medios de comunicación que se distinguen porque son multimedia, hiperaccesibles, teleinformáticos e instantáneos. Aunque no podemos olvidar que su característica más relevante es la posibilidad que abre la tecnología telemática hacia la interactividad, gracias a la que los usuarios pueden ser al mismo tiempo productores y consumidores de información y contenido. Estamos, por tanto, ante un medio que se muestra extraordinariamente poderoso para el almacenamiento y la transmisión de la información y que puede proporcionar a la empresa moderna unas prestaciones inimaginables antes de la aparición de la nueva tecnología.

Además, Internet representa la existencia de comunicaciones entre dos interlocutores, como el correo electrónico, los modos de conversación entre grupos de varios interlocutores, como los foros de discusión, las conferencias electrónicas y los "chats", o bien de un interlocutor con múltiples, como las videoconferencias y revistas electrónicas, junto con otros sistemas de difusión de la información sencillos y económicos, como la WWW (World Wide Web). El ámbito de los negocios ha entrado en Internet con numerosos portales económicos que ofrecen páginas de diseño atractivo y contenidos amplios. El abanico informático que nos ofrecen estas páginas abarca información y servicios financieros, información jurídica, económica y fiscal necesaria para emprender y mantener con éxito cualquier negocio, mediación bursátil, prensa económica de España y América Latina, secciones de empleo, información institucional sobre los ministerios de Economía y Trabajo, etcétera.

15 EL CORREO ELECTRÓNICO

El término *correo electrónico* procede del inglés *e-mail;* es un servicio de mensajería electrónica, que se define como el conjunto de tecnologías que permite que un grupo de datos (mensajes) sea enviado a otro usuario para posterior recepción.

Se trata de un servicio de correo, pero en la red, que nos permite comunicarnos de forma rápida y sencilla con otro usuario, siempre y cuando este último disponga de otra dirección de *e-mail.*

Hay varios programas que nos permiten gestionar nuestro correo electrónico, y sin duda alguna es el primer servicio que utilizan las empresas cuando utilizan Internet, debido a que sustituye al correo tradicional eliminando muchas de las llamadas telefónicas, sobre todo las de larga distancia.

La falta de confidencialidad es el mayor inconveniente de la utilización del correo electrónico, ya que los mensajes pueden ser leídos por personas ajenas a ellos. No obstante, en las últimas versiones de windows encontramos nuevas opciones de accesibilidad pudiendo mandar la información con un sistema de codificación y por tanto más seguro. Sin embargo, este proceso hace que la transmisión sea más lenta.

16 PEQUEÑO GLOSARIO

Archivo adjunto o Anexo: (Attachment): conjunto de documentos o archivos que se añaden a un mensaje de correo electrónico y que se envían junto con él.

Copia de seguridad (backup): copia extra de los datos de un ordenador. Generalmente se realiza en un medio de almacenamiento externo, como disquete, CD o ZIP, pero también se puede realizar en un ordenador remoto.

BIOS (Basic Imput Output System: sistema básico de entrada o salida del ordenador. Conjunto de rutinas almacenadas en ROM.

Bit: unidad mínima de información que puede tomar dos únicos valores: 1 ó 0.

Byte: grupo de bits que un ordenador maneja como unidad.

Correo electrónico (e-mail): es el servicio más utilizado en Internet. Permite a los usuarios intercambiar mensajes, programas, audio, vídeo e imágenes.

Caché: memoria intermedia de alta velocidad y capacidad reducida, debido a su alto coste. Se utiliza para almacenar datos. Su misión es incrementar la velocidad de proceso de un ordenador o sistema.

CD: disco compacto. Disco óptico de 12 cm de diámetro, utilizado para almacenamiento de datos binarios. Su capacidad, una vez formateado, es de 650 Mbytes.

CD-ROM (Compact Disc - Read Only memory): disco compacto de memoria de sólo lectura. Disco donde se almacena información digital, ya sean datos, imágenes, música o vídeo.

CHAT (Conversational Hypertext Access

Technology): sistema para poder conversar por escrito, en el que se requiere la coincidencia temporal de dos o más interlocutores.

Dirección IP: descripción formal de una dirección de Internet estándar, que utiliza números en lugar de nombres (dominios).

Dominio: la parte de una dirección Internet estándar que indica el nombre de la computadora.

Encriptación: proceso de codificación de la información, de manera que sólo sea accesible a quien posea un código de descodificación.

FAQ (Frequently Asked Questions): preguntas y respuestas que se plantean frecuentemente sobre un tema en particular.

Reenvío (Forwarding): proceso de reenvío a otros destinatarios de un mensaje o correo electrónico recibido, al que podemos añadir algunos comentarios.

Hacker: experto en redes y seguridad que accede a sistemas para los que no tiene autorización.

Hipertexto: sistema de enlaces textuales que permite crear vínculos electrónicos entre documentos o diferentes partes de un mismo texto.

HTML (Hypertext Markup Language): lenguaje de marcas en que se escriben las páginas que se encuentran en la *web*. Mediante etiquetas indica al navegador cómo debe presentar la página.

HTTP (Hypertext Transfer Protocol): protocolo que utilizan los clientes y servidores *web* para comunicarse.

Internet: conjunto de millones de ordenadores conectados entre sí a nivel mundial. Se conoce como la Red.

Java: Lenguaje desarrollado por Sun Microystems, entre cuyas principales características está la de ser multiplataforma.

Enlace (Link): hiperenlace entre nodos de información gráfica, textual o de cualquier tipo.

Lista de correo: sistema organizado en el que los mensajes se envían a un conjunto de direcciones para mantener una conversación por correo sobre un tema en particular.

Módem: Modulador/demodulador: aparato que transforma una señal digital en analógica y viceversa. Gracias a él los datos digitales se transmiten por una línea analógica una vez transformados y viceversa. Permite también que los datos transmitidos por una línea analógica puedan ser interpretados por un ordenador. Es la forma más común de conectarse a un proveedor de Internet.

Motor de búsqueda: programa que proporciona un servicio de directorio en la *web*.

Multimedia: sistema informático con capacidad para mostrar texto, sonido, vídeo, o texto en diferentes lenguajes.

Navegar: proceso mediante el cual se pueden recorrer páginas *web* utilizando los enlaces que incluye cada una de ellas.

Página: cada una de las unidades que puede presentar un cliente *web*. Las páginas pueden contener texto, enlaces, imágenes y otros elementos multimedia.

Ruta (Path): situación de un determinado fichero en el disco de un ordenador; está formado por una serie de nombres de directorio, separados por barras, seguido de un nombre de fichero opcional.

Protocolo: conjunto de reglas y signos que rigen los intercambios de información entre ordenadores.

Proveedor de servicios: organización, comercial o no, que facilita servicios de conexión a Internet.

Puerto: conexión entre dos dispositivos o sistemas.

Red: dos o más ordenadores conectados entre sí.

Servidor: programa que permite a un ordenador ofrecer servicios a otro.

Telemática: técnica que utiliza los servicios de telecomunicaciones y la tecnología informática.

Telnet: proceso que permite hacer una conexión a un ordenador remoto y actuar como si se estuviera conectado directamente.

Videoconferencia: sesión de comunicación de vídeo a través de líneas alquiladas o redes privadas, entre dos o más interlocutores que suelen estar separados geográficamente.

Vínculo (Link): conexión lógica desde una posición en una página *web*, a otro recurso.

Virus: programa hostil que accede de forma encubierta a los ordenadores y, generalmente, intenta destruir o alterar la información contenida en el sistema.

Webcam: cámara conectada a una página *web*, en la que los visitantes pueden ver imágenes normalmente en directo.

Webmaster: administrador de servicios web.

Website: sitio *web*. Colección de páginas *web* relacionadas entre sí.

WWW (World Wide Web): múltiple malla mundial. Sistema de organización y presentación de la información de Internet basado en hipertexto y multimedia que permite buscar y tener acceso a un conjunto muy variado de información en Internet. Actualmente es el servicio más utilizado, junto con el correo electrónico.

ZIP: formato de compresión de archivos ideal para la transmisión a través de Internet.

1. **Responda a las siguientes preguntas:**

- ¿Para qué sirve el fax?
- ¿Qué ventajas pueden obtenerse con un equipo multimedia?
- ¿Qué tipos de impresoras se encuentran hoy en día en el mercado?
- ¿A qué llamamos trazador gráfico?
- ¿Qué diferencias existen entre una videoconferencia y una audioconferencia?

2. **Redacte una carta de reclamación para enviar por fax.**

3. **Escriba una frase con cada uno de los adjetivos que van a continuación:**

informático
veloz
potente
preciso
electrónico
simultáneo
gráfico

4. **Escriba palabras con la misma raíz de:**

teclado
flexible
impresora
copia
emplear
posible
lista

5. **Complete los espacios en blanco con las preposiciones correctas.**

British Telecom presenta varios sistemas en RDSI.
VIDEOCONFERENCIAS PARA PCs
Si bien el mundo .... la informática y el de las telecomunicaciones estaban bien diferenciados hace pocos años, no cabe duda que cada vez hay más puntos de conexión entre ambas disciplinas. Una clara prueba es la confraternización de British Telecom .... IBM, ICL y Olivetti en el área de las videoconferencias.
A aquellos que pensaban que disfrutar de un sistema de videoconferencia iba a ser caro y complejo, estas empresas acaban de romperles los argumentos .... la presentación de un sencillo sistema que consiste en el software, una placa, una pequeña cámara de vídeo y línea de conexión RDSI (Red Digital de Servicios Integrados). Su precio es 3.000 libras (unas 600.000 pesetas). Estará disponible este verano.
Todo este ingenio —llamado VC8000— no sirve sólo .... verse las caras con las personas con las que se entabla la videoconferencia. Su PC se convertirá en un sistema multimedia compartido a distancia, esto es, en diferentes ventanas podrán verse datos e intercambiarlos durante la sesión .... trabajo.
El sistema presentado .... Olivetti es el PPC (Personal Communications Computer), el de ICL se denomina Teamvision y el de IBM, Screencall. Apenas hay diferencias entre estos tres modelos: cada uno está hecho .... sus PCs respectivos y, lástima, no son compatibles unos con otros. No obstante, el trío de representantes de las tres empresas informáticas, apadrinados por la BT, afirmaron que las tres tendencias se convertirán .... una en un futuro no muy lejano.
PC Actual, año V, Nº 55 Julio/Agosto 1994, p. 15

6. **Explique qué significan en el texto anterior las siguientes palabras:**

conexión RDSI
confraternización
videoconferencia
sistema multimedia
ventana
ingenio tecnológico
compatible
empresas informáticas

Clave de soluciones de los ejercicios

I CARACTERÍSTICAS DE LA REDACCIÓN COMERCIAL

1. CLARIDAD, PRECISIÓN, AGILIDAD

1. Todos los textos son incorrectos.

2. a) empleo excesivo de abreviaturas; b) desorden en la exposición; c) falta de claridad, el cuerpo de la carta debe tratar cada asunto en un párrafo diferente; d) empleo de fórmulas arcaicas, servilismo y afectación; e) fórmula de despedida incorrecta.

2. FÓRMULAS, TRATAMIENTOS, ABREVIATURAS

1. a) que está conforme con el original; b) muy antiguo; c) muestra de respeto o cortesía, consideración, condescencia; d) poner el encabezamiento de un libro o escrito; e) relativo a la administración; f) categoría, orden o grados entre diversas personas o cosas.

3. a) grato comunicarles; les saludamos atentamente. b) Señor; En respuesta a su carta; atentamente. c) Muy señores nuestros; Nos dirigimos a ustedes para solicitar una aclaración; sus prontas noticias. Reciban nuestros saludos. d) Señores; les agradeceremos que nos envíen a la mayor brevedad posible; Esperamos, como viene siendo habitual, que nos sirvan este pedido con rapidez y esmero; Saludos cordiales.

4. Carta n.º 1: remitente, Banco Palentino; asunto, creación de una nueva surcursal; fórmula de saludo, Distinguidos señores; texto, «por la presente queremos informales de la creación...» y «en el nuevo establecimiento ustedes...»; fórmula de despedida, Con el deseo de haberles complacido...

Carta n.º 2: remitente, D. Pedro Pla; asunto, hacer un pedido; fórmula de saludo, Señores; texto, «Les agradeceré que se sirvan...» y «Les ruego que me envíen...»; fórmula de despedida, Sin otro particular...

Carta n.º 3: remitente, Bodegas Ruiz; asunto, reclamar una letra; fórmula de saludo, Muy señores nuestros; texto, «Nos vemos en la necesidad...» y «Desconociendo las causas...»; fórmula de despedida, En espera de su respuesta...

5. a) para que; b) por lo tanto; c) puesto que; d) porque; e) para; f) por consiguiente.

3. LOS SIGNOS DE PUNTUACIÓN

1. prueba-demostración; defectuoso-imperfecto; sistemático-ordenado; envíar-expedir; confusión-desorden; manifestar-declarar; auxiliar-ayudar.

2. a)

CONFECCIONES DE PUNTO, S.L.
Neptuno, 659
43001 TARRAGONA

Sra. Dña. María Llorente
Jaén, 32
41043 SEVILLA — 3 de diciembre de 1989

Distinguida señora:

Con fecha 20 de junio, hemos recibido el pedido que ha tenido la amabilidad de confiarnos a través del Sr. Bravo.

Nos es grato confirmar este encargo con todos sus detalles y condiciones, indicándole que pondremos todo nuestro interés en servirlo antes del 15 de octubre, fecha que nos propone usted en el duplicado.

Quedamos a su entera disposición. Saludos cordiales.

Antonio Ruiz
Gerente

b)

05.14
82530 CITES
72593 TSAG
14.5.92
TÉLEX NÚM. 234
DE: SR. FERNÁNDEZ
A: SR. SARDÁ
ASUNTO: POGRAMACIÓN DE EMPAQUES.

DE ACUERDO CON LA CONVERSACIÓN MANTENIDA EL PASADO DÍA 11, LES ENVIAMOS POR TRANSPORTES «LA RÁPIDA» 178 MILLARES DE FORMATO DE PAPEL METALIZADO. LA DEVOLUCIÓN DE ESTA PARTIDA NOS OCASIONA UNA RUPTURA STOCK, POR LO QUE RUEGO A UDS. NOS CONFIRMEN POR TÉLEX SI CUMPLIRÁN CON LA PROGRAMACIÓN RESTANTE.
SALUDOS, EL DIRECTOR.
MANUFACTURAS TISAG.

c)

ESLABÓN, S.A.
Artículos para regalo
Bisutería fina
Plaza Mayor, 32
10005 CÁCERES — Enero 1989

A NUESTROS CLIENTES:

A los efectos oportunos, comunicamos a ustedes que nuestro representante en Barcelona para la sección de artículos de regalo, cristal tallado, alpaca y esmaltes, D. José López del Peral, ha cambiado de domicilio.

El actual es:

Calle: Arellano, n.º 34
Teléfono: 232 54 00
65008 BARCELONA

Quedamos a su entera disposición y les saludamos atentamente

ESLABÓN, S.A.

---

d)

D. Francisco Álvarez Pérez, con domicilio en Madrid, calle Salmón, n.º 2, con D.N.I. número 727.945.645, en nombre de SUMINISTROS DEL JARAMA, S.A., con domicilio social en Torrelaguna, provincia de Madrid, calle General Álvarez de Toledo, n.º 128, acepta la invitación cursada por esa Unidad de Obras Públicas con fecha 16 de mayo de 1990, y se compromete a tomar a su cargo la ejecución de las obras ABASTECIMIENTO DE ENERGÍA ELÉCTRICA AL POLÍGONO INDUSTRIAL DE TALAMANCA DEL JARAMA, MADRID, con sujeción a las condiciones y requisitos que figuran en el correspondiente Pliego de Cláusulas Administrativas Particulares, por la cantidad de pesetas: 8.170.000.- OCHO MILLONES CIENTO SETENTA MIL PESETAS.

Torrelaguna, 21 de mayo de 1989

Fdo. Francisco Álvarez Pérez

COMUNIDAD AUTÓNOMA DE MADRID.- OBRAS PÚBLICAS E INFRAESTRUCTURAS

---

e)

DENOSA DOMINICANA, S.A.
Instalaciones Deportivas
Avda. San Martín, 41
28082 MADRID

PRESUPUESTO N.º 11/99/768-T

PLAZO DE ENTREGA:

Nuestros trabajos de pavimentación tienen una duración aproximada de dos semanas a partir de su iniciación. Si se tiene que efectuar el cerramiento metálico del recinto, este plazo se amplía a tres semanas, aproximadamente. Los días de lluvia, así como los de paro ocasionados por conflictos laborales, están excluidos del plazo de ejecución.

CONDICIONES ECONÓMICAS:

A convenir.

CONDICIONES GENERALES:

El cliente se obliga a proporcionar el regular suministro de agua y energía eléctrica trifásica, a pie de obra, para la ejecución de los trabajos. Los gastos de maquinaria y personal en paro serán por cuenta del cliente, en el caso de que se interrumpiese el suministro de alguno de los elementos antes citados.

No se incluye en esta oferta el acondicionamiento del camino de acceso al lugar de la construcción proyectada, que será siempe a cargo del cliente.

Tanto DENOSA como el Sr. Cliente se someten de modo expreso, con renuncia al fuero y domicilio que pudiera corresponderles, a la jurisdicción y competencia de los Tribunales de la ciudad de Madrid para la resolución de cualquier duda, controversia o litigio que pudiera resultar de la interpretación, cumplimiento o finalización del presente contrato.

Madrid, 28 de noviembre de 1989

---

f)

ASLAT —ASESORÍA LABORAL Y TRIBUTARIA—
Villahermosa, 72
10003 CÁCERES

D. Federico Fernández Pulgar
Prim, 52
10005 CÁCERES 23 de septiembre de 1989

Señor:

Adjunto le remitimos el extracto de cuenta correspondiente al mes de JULIO-89, cuyo importe de 65.375 ptas., puede usted abonar como viene haciéndolo habitualmente.

Esperando que sea de su conformidad, le saludan atentamente

ASESORÍA LABORAL Y TRIBUTARIA

---

g)

ANTONIO FERNÁNDEZ SANCHÍS, mayor de edad, casado, de profesión industrial, con domicilio en calle Valdezarza, n.º 65, y con Documento Nacional de Identidad n.º 98.654.887, actuando en su propio nombre y derecho

EXPONE:

Que reúne las condiciones necesarias para participar en el concurso público para la adjudicación de las obras del Polideportivo «Las Acacias», convocado por ese Ayuntamiento.

SOLICITA:

Se digne a tomar en cuenta su solicitud y a incluirlo en la lista de concursantes.

Valladolid, 22 de diciembre de 1989

Ilmo. Sr. Alcalde-Presidente del Ayuntamiento de Valladolid.

---

3. a) F; b) F; c) V; d) F; e) V.

4. atenta; entera; mayor; desagradable, penoso; cordiales; rápida y fructífera, pronta y beneficiosa.

5. explicación, justificación; artículos, mercancías, materiales; planificación, proyecto; anunciar, transmitir, informar; requisitos; añadir, agregar, acompañar; pagar, satisfacer, acreditar; terminación, conclusión, liquidación.

4. EMPLEO CORRECTO DE LA LENGUA ESPAÑOLA

1. está; esté; es; es; es; estará; está; es; están.

2. a; de; a; de; para; de; de; en; en; de; por.

3. recibimos; había comenzado; pidieron; enviásemos; durarán; sea.

4. en; en; de; a; de; en; a.

5. patente-marca; instruir-enseñar; asamblea-congreso; afirmar-asegurar; moderar-aplacar; oportunidad-ocasión; pacto-convenio; quebradizo-frágil.

6. hemos recibido; visitará; llame; había enviado.

7. a) F; b) V; c) F; d) V; e) V; f) F.

8. Esa persona es muy estimada por todos sus compañeros; Esta mañana hace un día radiante, el cielo está azul, no hay ni una nube; No parece que estés muy contento con las últimas noticias.

10. claro-oscuro; malo-bueno; satisfecho-insatisfecho; corto-largo; rápido-lento; conocido-desconocido; brillante-mate; alto-bajo; principio-fin.

5. ORTOGRAFÍA

1. a)

CONDICIONES DE VENTA

Maderas del Norte, S.L., pasará factura una vez entregada la mercancía; negociará un efecto con vencimiento a 30, 60 ó 90 días fecha factura, mediante letra aceptada. Incluso en aquellos casos en los que no se enviase la totalidad del material por indicación expresa del constructor.

La mercancía viajará por cuenta y riesgo del comprador, siempre que en el precio no esté comprendida la colocación por nuestro personal. En el caso de que las puertas fueran colocadas por nosotros, en el precio también está comprendido el transporte a pie de obra.

El hecho de cursarnos pedido, implicará la completa conformidad con las condiciones anteriormente expuestas.

Las partes contratantes se someterán a la competencia de los jueces de Gijón para cuanto se pueda derivar del presente presupuesto y pedido.

---

b)

Compañía Española de Seguros
«La Previsora Universal»

Capital suscrito .... Ptas. 500.00•
Capital desembolsado .... Ptas. 500.00•

La Compañía Española de Seguros «La Previsora Universal», S.A. y en su nombre Mariano Fernánde Sánchez, con poderes suficientes para obligarle en est acto

AVALA

en los términos y condiciones generales establecidos en la Ley de Contratos del Estado y especialmente en e artículo 375 de su Reglamento, a POZOS Y REGADÍOS, S.A.

ante el EXCMO. AYUNTAMIENTO DE VILLALIBRE (LEÓN)

por la cantidad de CUATROCIENTAS MIL PTAS (400.000) en concepto de fianza definitiva para responder a las obligaciones derivadas de la ejecución del contrato de «Sondeo artesiano para el abastecimiento de agua en Valdesantos».

Este aval tendrá validez en tanto que la Administración no autorice su cancelación.

León a 15 de septiembre de 1990.

---

c)

Sr. Director-Gerente
D. Alberto Palomares

Confirmando nuestra conversación telefónica, le envío copia de nuestro cuestionario normalizado para que me lo devuelva completo, con las respuestas debidas, a fin de preparar nuestro informe lo antes posible.

En caso de alguna duda, le ruego que me llame por teléfono entre las 11 y las 15 horas.

Alfredo Gutiérrez
Consejero-Delegado

---

d)

Sr. Jefe de mantenimiento
D. Antonio Palacios

Con fecha 7 de enero hemos recibido las últimas adquisiciones de tecnología de vanguardia en el campo de la transferencia de oxígeno en aguas, así como en el de la filtración de todo tipo, incluso gases y líquidos diversos. Le recuerdo que a partir del lunes próximo estará con nosotros el técnico alemán que envía la casa suministradora para resolver cualquier duda que pudiera surgir.

Luis Fernández
Gerente

---

2. pagaré (aguda, terminada en vocal); obligación (aguda, terminada en n); navío (hiato); plusvalía (hiao); crédito (esdrújula); operación (aguda terminada en n); préstamo (esdrújula); depresión (aguda terminada en n); líquido (esdrújula); devaluación (aguda terminada en n); mercancía (hiato); interés (aguda terminada en s); distribución (aguda terminada en n); suscripción (aguda terminada en n); garantía (hiato); cláusula (esdrújula); télex (grave o llana que no termina ni en vocal, ni en n, ni en s).

3. Aun cuando no hayan llegado todas las mercancías, abriremos el día primero (aun no se acentúa porque equivale a hasta, también inclusive); ¿dónde figura la fecha de emisión de la factura? (dónde se acentúa cuando tiene valor interrogativo); Le han concedido el crédito, por lo cual puede empezar a trabajar (cual no se acentúa porque no tiene valor interrogativo ni exclamativo); ¿Cuál de los dos pedidos le urge más? (cuál se acentúa porque tiene valor interrogativo, y más porque es adverbio de cantidad); Mas no habían comenzado a pagar las facturas, cuando la empresa quebró (mas no se acentúa porque es conjunción adversativa); ¡Cuándo harán efectivos sus pagos!... (cuándo se acentúa porque tiene valor exclamativo); Aquello fue la razón por la cual llegó tan deteriorada la mercancía (los demostrativos esto, eso, aquello no se acentúan nunca); Les enviaremos un télex como en ocasiones anteriores (como no se acentúa porque no tiene valor interrogativo ni exclamativo); ¿Cómo nos girarán las letras, a 30, 60 ó 90 días? (cómo se acentúa porque tiene valor interrogativo, y la conjunción o lleva tilde cuando va colocada entre cifras); No sé como resolver el problema del transporte del material (sé del verbo saber se acentúa); Se autoriza al secretario para realizar las operaciones, si fuera necesario (se no lleva tilde porque es pronombre, y si tampoco la lleva porque es conjunción condicional); Dijo que sí, que ya lo había enviado (sí lleva tilde porque tiene valor afirmativo).

4. a)

Agrupación Orquestal Santa Cecilia
Villanueva de la Cañada (Madrid)

El Pleno de esta Agrupación, en sesión de 22 de noviembre último, por unanimidad y de conformidad con lo dictaminado por la Comisión de Cooperación y Acción Musical, acordó aprobar la concesión de:

«La Medalla del Mérito Artístico», en su calidad de oro, al Excmo. Sr. Alcalde del Ayuntamiento de nuestra ciudad, en reconocimiento a la labor desarrollada por él mismo en el campo de la actividad musical.

Villanueva de la Cañada, 30 de noviembre de 1989.

El Secretario

---

b)

Muy señores nuestros:

Nos dirigimos a ustedes para comunicarles que nuestro delegado en la zona centro, D. José Antonio Núñez Díez, cesó voluntariamente en Suministros Electrónicos, S.A.; el pasado día 15, fecha en la que quedó extinguida la relación laboral que lo unía con nuestra empresa.

Aprovechamos esta ocasión para confirmarles que continuamos a su disposición en nuestras delegaciones de San Sadurní de Noia (Barcelona), Coslada (Madrid), Dos Hermanas (Sevilla) y Las Palmas de Gran Canaria, que contribuirán a mantener y mejorar en lo posible el servicio que hasta la fecha hemos venido prestando a nuestros clientes.

Atentamente les saludan

Suministros Electrónicos, S.A.

---

5. ve-lo-ci-dad; co-no-ci-mien-to; ad-mi-nis-tra-ción; nor-te; im-pues-to; re-me-sa; ex-ce-len-cia; a-tra-e-rí-a; cua-dra-do; re-fe-ren-cias; tan-gen-te.

6. des-ví-o, o-bo-e, ac-tú-a, ve-í-a-mos, par-tí-a-mos (hiatos); pier-na, vi-rrey, te-néis, an-ti-guo, ven-dió (diptongos); a-ve-ri-gueis (triptongo).

8. co-mer-cial; me-ca-no-gra-fia-do; mer-can-cí-a; re-cla-ma-ción; ca-li-dad; per-sia-nas; ca-rac-te-rís-ti-ca; em-pre-sa.

9. a) V; b) F; c) V; d) V.

II La carta comercial

6. ESTRUCTURA DE LA CARTA COMERCIAL

3. a) F; b) V; c) F; d) F; e) V; f) V.

4. adiós, partida, separación; vía pública, avenida, paseo; tema, objeto, argumento; apéndice, suplemento, añadidura; noticia, aviso, advertencia; agregado, unido; concepto, noción; misiva, recado; primordial, importante, significativo; seña, apunte, aviso.

6. mejor; sólida; bajos; confidencial; mayor; buen.

7. TIPOS DE CARTAS

2. conocer, dominar; regular, reglamentario, habitual; atento, afectuoso, agradable; fin, límite; moderno, reciente; clase, categoría, condición; resolución, dictamen; símbolo, lema; comprar, conseguir; factible, accesible; instancia, petición, demanda; enviado, recadero, correo; auténtico, genuino; frecuente, común, cotidiano.

4. omitir (no lleva tilde porque es aguda y no termina en n ni en s); indicación (lleva tilde por ser aguda y terminar en n); obtendrá (lleva tilde por ser aguda terminada en vocal); responsabilidad (no lleva tilde porque es aguda y no termina en n ni s); satisfacción (lleva tilde por ser aguda terminada en n); había (lleva tilde porque es un hiato); crónica (lleva tilde porque es esdrújula); causa (no lleva tilde porque es llana terminada en vocal).

5. a; c; e; f.

6. desinterés; privado; moderno; tarde; lentamente; retraso; vender; rapidez.

8. a) F; b) V; c) V; d) F.

10. a fuerza; a fin de que; a fin de; a condición de que; a condición de; a fin de que.

11. Carta n.º 1: de acuse de recibo; Carta n.º 2: de solicitud.

12. REGAL, S.A. nos comunicó: «Hemos recibido su oferta».
Conservera del Norte reconoció: «No hemos abonado las facturas pendientes». Nos dijeron: «No duden en llamarnos por teléfono ante cualquier duda o reclamación».
Fernando Martínez reconoció: «Me he olvidado de adjuntar a la carta...»
La empresa acordó: «No haremos ninguna oferta para...».

13. novedosa; mayor; expuestos; vigentes; buena; rápida y completa; excelente.

15. continuación (aguda terminada en n); envíen (hiato); emisión (aguda terminada en n); órdenes (esdrújula); mercancía (hiato); género (esdrújula).

16. tan pronto como; ya que; según; ya que; siempre que; siempre que.

18. causa; personal; causa; personal.

19. hemos recibido; ustedes, no están fabricados; ser de su agrado; sea la más adecuada.

20. Nos dirigimos a ustedes para reclamarles; nos envíen un talón; sus prontas noticias.

21. a; c; d; f.

24. en; a; de; por; con; de; en.

26. a) V; b) F; c) F; d) V; e) V.

27. beneficio; efecto; correcto; comprador; insatisfacción; entregar; imposiblidad.

28. Carta n.º 1: grato dirigirnos; ocasión para ofrecerle; son de su agrado. Carta n.º 2: a ustedes que tengan la amabilidad de; quinientas sesenta y nueve mil ochocientas; les saludamos atentamente.

31. dirigimos; hemos hecho; negocien; rogamos; se sirvan; son; devuelvan; agradecemos; esperamos; saludamos.

32. dirección; saludo; transferencia; trámite; demora; negocio; ingreso; factura; contabilidad; devolución.

34. inversión (aguda terminada en n); implícito (esdrújula); número (esdrújula); suscripción (aguda terminada en n); orgánica (esdrújula); cláusula (esdrújula); genérico (esdrújula); agradecería (hiato).

35. aunque; apenas; caso de; aun cuando; caso de que; a poco de.

36. a) F; b) V; c) F; d) V; e) V.

41. de; hasta; con; por; por; con; en.

43. fe-li-ci-ta-ción; re-yer-ta; os-ten-to-so; ab-ne-gación; fac-ti-ble; des-lum-brar; to-le-ran-cia; a-gra-de-ci-mien-to.

44. habían comunicado; retirarían; devuelvan; habían avisado; se retrasará; incluyen; hemos recibido.

45. gestión; operación; crédito; fácilmente.

47. a) F; b) V; c) F; d) V; e) V.

49. ganancia-provecho; condición; contestación-solución; mando-autoridad; operar-manipular; retribuir-pagar; salario-estipendio; vigilar-controlar; proponer-prometer; dimensión-magnitud.

51. sin; del; de; a; de; en; de; de; en; del; de; en; en; de; en; en.

8. OTRAS COMUNICACIONES COMERCIALES

1. Carta n.º 1: estimado cliente; esperando que nuestra oferta le haya interesado; reciba nuestros cordiales saludos.
Carta n.º 2: señores; tenemos el gusto de presentarles la primicia; esta nueva oferta será de su agrado; les saludamos atentamente.

3. ideal; actual; nuevos; precisa y completa; rápido y seguro; grato; entera; oportunas; rigurosa; más avanzados.

5. publicación; colaboración; complacencia; disposición; confianza; agradecimiento; disculpa; reparación.

6. de; con; del; con; de; con; en; para; entre; sobre; en; del; en; al.

8. está; toca; han impulsado; será; puede; podría; lleva; intentó; optó.

10. decir-callar; negociante-cliente; apertura-cierre; especial-general; patrocinar-abandonar; percibir-desconocer; adelante-atrás; hábil-incapaz; abierto-cerrado; confundir-aclarar.

11. El Presidente dijo: «La negociación ha fracasado porque la sociedad ha pretendido tener un control mayoritario».
Los expertos afirmaron: «La estrategia comercial puede cambiar radicalmente en los próximos años».
Algunos pensaron: «Los fondos en activos extranjeros están restringidos a los mercados de dinero y capitales».
Las organizaciones empresariales estimaron: «El crecimiento para el año 1988 será superior (en torno al 9% al del año anterior».
El conferenciante dijo: «Estamos en un proceso de inversión creciente».

13. a) V; b) V; c) F; d) F; e) F; f) V.

16. pre-si-den-te; me-mo-rán-dum; i-nau-gu-ra-ción; sig-ni-fi-car; si-guien-te; in-dus-tria.

17. corriente-vulgar; perturbar-transtornar; intentar-pretender; violento-brusco; excluir-eliminar; variable-inestable; desorientar-despistar; sólido-fuerte; auténtico-genuino; sospechar-suponer.

21. a medida que; a pesar de; a pesar de que; antes de; antes de que.

22. facturar, facturación; documentar, documentación, documental; publicar, publicación, publicidad; contador, contaduría, cuenta; adquisición, adquisitivo; lectura, lector.

23. han incluido; sea; se adjuntará; obliga; será; ha resultado.

24. amplio; pregunta; ausente; subjetivo; fracaso; sencillez; reducir; importar.

25. para la empresa y otra para el cliente; presupuesto; preguntas muy breves y concretas; un orden riguroso; el cuestionario.

27. en; por; con; en; para; para; con; en.

31. ampliación, amplitud, amplificador; mediación, mediador, mediano; conversión, convertible, converso; proposición, propuesta, propósito; inversión, inversionista, inversor; aprobado, aprobación, aprobatorio.

32. déficit (esdrújula); adquisición (aguda terminada en n); depositó (aguda terminada en vocal); líder (llana o grave que termina en consonante distinta de n o s); dinámico (esdrújula); garantía (hiato); sitúa (hiato); país (aguda terminada en s).

33. está; está; es; paladeen; se trata; afirmar; es; comparte; ha puesto; es; tiene; es; data.

9. DOCUMENTOS OFICIALES

1. es; están; es; está; es; será.

2. en; de; para; en; para; según.

5. facilidad-dificultad; reanudar-interrumpir; permiso-prohibición; invalidar-habilitar; venir-ir; generalizar-especificar; depreciar-encarecer; retrasar-adelantar.

6. a) F; b) F; c) F; d) V; e) V.

7. blo-que-o; e-fec-tu-ar; at-mos-fé-ri-co; chi-me-ne-a; ar-te-sia-no; a-pre-miar; a-lar-de-ar; de-gus-ta-do-res; se-lec-cio-nar; pri-mi-cia.

8. a) F; b) V; c) V; d) F; e) V.

9. accionista, accionariado; negociar, negociación; bursátil, bolsista; rentable, rentabilidad; cobertura, descubierto; financiero, financiación.

10. mejorado, último; operadas, grandes, pequeños; altos.

11. de; ante; a; al; de; del; al; en; al; de; del; en; de; en; ante; por; a; de; del; sobre; en; de.

12. reúne; acordó; había presentado; ha cotizado; confiábamos; fuera; atendida; conste; expide.

13. líder; cénit; cárcel.

10. DOCUMENTOS COMERCIALES O MERCANTILES

1. lugar y fecha donde se libra; datos del librador y razón social o título del mismo; datos y título del librado; firma autógrafa del librador; vencimiento.

3. para anunciar el envío de una mercancía en el momento de hacer la entrega; librado; es una cuenta detallada de cada una de las operaciones de comercio; la persona que recibe el derecho de cobro de la letra; para declarar que se ha recibido una cantidad de dinero u otra cosa.

5. importación, importante, importe; pago, pagadero pagaduría; recibo, recibimiento, recepción; debido, débito, deuda; vendedor, venta, reventa; escrito, escritura, escriturar, escritor; préstamo, empréstito, prestamista.

6. según; tan pronto como; antes de que; ya que; siempre que.

7. en; de; de; en; a; por; de; por; en; con.

9. con-so-li-dar; pro-duc-ti-vi-dad; re-cu-pe-ra-ción; de-sen-vol-ver; e-jer-ci-cio; a-de-cua-do; fun-ción.

10. ruego; envíen; sean atendidas; trabaja; se compromete; autoriza; realice; rogamos; ordenen.

III El lenguaje publicitario

11. LA PUBLICIDAD

5. 1. empleo del imperativo; 2. afirmaciones contundentes, imperativo; 3. juego de palabras; 4. afirmaciones contundentes; 5. empleo del superlativo; 6. rimas, textos pegadizos; 7. empleo del imperativo; 8. ausencia de verbo; 9. rimas, empleo del imperativo y afirmación contundente; 10. ausencia de verbo.

6. de; en; de; de; de; para; de; con; por; al; en; en; con; de; en; a; del; por; con; de.

7. primera-última; recordar-olvidar; importante-insignificante; proyecto-realidad; menospreciado-preferido; real-imaginario; envolver-desenvolver; saber-ignorante.

V Los servicios telemáticos

4. Tecla, teclear, tecleo, teclista; flexibilidad, flexibilización, flexibilizar, flexión, flexional; imprimir, impreso, impresor; copista, copiar, fotocopia, multicopia; empleo, empleado, desempleo, empleador; posibilidad, imposible, posibilitar; listado, listar, alistar, alistamiento.

5. De, con, con, para, de, por, para, en.

Apéndices

I TERMINOLOGÍA MERCANTIL

A

Abonar: asentar en el haber de una cuenta.

Acción: título representativo de una porción del capital social de una sociedad anónima.

Accionista: el tenedor de una o más acciones.

Aceptación: conformidad escrita y firmada del pago de un efecto a su vencimiento.

Acreditar: hacer digna de crédito. Probar su certeza o realidad.

Acreditativa: que ofrece evidencia por testimonio documentado.

Acreedor: persona natural o jurídica a quien se le debe dinero o especies.

Activar: acción de incorporar contablemente ciertos gastos como partidas del activo del balance empresarial a efectos de su amortización.

Activo: conjunto de bienes y derechos poseídos por la empresa, en un determinado momento, y expresados en unidades monetarias.

Activo circulante: activos que se convertirán en dinero antes de un año y en el transcurso de la actividad propia de la empresa.

Activo fijo o inmovilizado: activos que se convertirán en dinero en un plazo superior a un año.

Actualización: acción de poner al día el valor de un elemento del activo sobre su valor histórico por el efecto de la pérdida del valor de la moneda en que se contabiliza el mismo.

Ad hoc: que se aplica a lo que se dice o hace, solo para un fin determinado.

Ad valorem: los derechos de aduana que corresponden según el valor de las mercancías u objetos.

Adeudar: asentar una partida en el debe de una cuenta.

Adquisición: incorporación de algo a nuestra esfera patrimonial; es decir, el incremento que experimenta nuestro patrimonio a consecuencia de determinado hecho o relación de derecho.

Adscribir: inscribir, contar entre lo que corresponde a una persona o cosa. Agregar a una persona al servicio de un cuerpo o destino.

Aduana: dependencia del Gobierno, establecida generalmente en los puertos y fronteras, para verificar las importaciones y las exportaciones y cobrar los correspondientes aranceles.

Afianzar: garantizar y comprometerse a pagar una obligación si el deudor no lo hiciere a su vencimiento.

Agente: persona que actúa o hace negocios por cuenta de otro.

Alegar: citar como prueba de disculpa o defensa. Exponer los hechos para fundar en ellos alguna pretensión.

Almacén: casa o inmueble usado para guardar mercancías.

Almacenaje: acción de guardar en un almacén mercancías. Costo de guardar una mercancía en un almacén.

Alquiler: lo que se paga por el derecho de usar una cosa ajena. Generalmente se emplea en el arriendo de inmuebles, pero también se puede usar en el arrendamiento de máquinas, elementos de transporte, etc.

Alta (darse de): ingresar en el número de los que ejercen una profesión u oficio reglamentado. Acto en el que el contribuyente declara a la Hacienda Pública el ejercicio de industrias o profesiones sujetas a impuesto.

Alza: aumento del precio que sufre un determinado bien, como puede ser la moneda, las mercancías, las acciones, los fondos públicos, etc.

Ámbito: espacio comprendido dentro de unos límites determinados.

Amortización: depreciación sistemática de un activo inmovilizado.

Anagrama: transposición de las letras de una palabra o sentencia, de la cual resulta otra palabra o sentencia distinta.

Análogo: que tiene analogía o semejanza con algo.

Anexo: unido o agregado a una cosa con independencia de ella.

Apertura de libros: acción de iniciar una contabilidad o un ciclo contable.

Apoderado: el que tiene poderes de otro para representarle y actuar en su nombre.

Aportación: el patrimonio que se entrega para formar el capital de una empresa o aumentarlo.

Arancel: tarifa oficial que determina los derechos que hay que pagar. Ej.: arancel de aduanas.

Archivar: guardar en forma ordenada, mediante un sistema alfabético, o de otro tipo, la correspondencia, y en general todos los documentos de la empresa.

Arqueo: verificación mediante recuento de los valores negociables o del dinero efectivo en caja.

Arrendamiento: contrato por el cual alguien se obliga a ceder el uso o el goce de una cosa o una obra, o a la prestación de un servicio a otro, a cambio de que éste se obligue a pagarle un precio. (Ver alquiler).

Artículo: todo cuanto sea comerciable.

Aseguradora: empresa que asegura riesgos ajenos.

Asentar: registrar un asiento en los libros de contabilidad.

Asiento: registro contable de una partida en los libros de contabilidad.

Asiento de apertura: el que como tal se registra en el Libro Diario para iniciar el período contable de una empresa o reabrir los libros después del cierre de los mismos al final del período contable.

Asiento de cierre: el que cierra la contabilidad de una empresa al finalizar el ciclo.

Asignar: señalar lo que corresponde a una persona o cosa.

Asociación: acción de asociar o asociarse. Persona jurídica cuyo sustrato sociológico está constituido por una pluralidad de personas que persiguen un fin común.

Auditor: contable especializado o censor de cuentas que revisa o verifica los libros de contabilidad, los balances y los estados financieros.

Autofinanciación: financiación generada por la empresa como consecuencia de sus operaciones. Habitualmente amortización más beneficio retenido.

Autoliquidación: cuando sucede la liquidación por terminación del período en que los activos estaban invertidos.

Aval: obligación escrita de garantizar a su vencimiento el pago de un efecto comercial.

Avalista: la persona que firma un aval.

B

Baja: disminución del precio, valor o estimación de un artículo.

Baja (darse de): cesar en el ejercicio de una industria o profesión sometida a impuesto. Tomar nota de la ausencia de un individuo por muerte, enfermedad, etc.

Bala: bulto o fardo prensado que facilita la expedición o envío de determinada clase de mercaderías.

Balance: estado financiero que sintetiza en términos monetarios el patrimonio empresarial en un determinado momento, desglosándolo en bienes poseídos por la empresa (activo) y deudas contraídas.

Balance de comprobación: sirve para verificar que los pases del diario al mayor se han hecho correctamente.

Banca: nombre genérico que se da al conjunto del comercio bancario.

Bancarrota: quiebra comercial que debido a la mala administración o a malos negocios ha tenido que cesar en el pago de sus obligaciones porque el pasivo sobrepasa al activo.

Banco: establecimiento público de crédito que tiene por objeto recibir depósitos, emitir cheques, pagar talones y cheques, prestar dinero, descontar efectos comerciales, operaciones con valores mobiliarios y toda clase de transacciones financieras.

Base imponible: cantidad que ha de ser objeto de aplicación del tipo de gravamen determinado según el impuesto que haya que liquidar.

Beneficios: ganancias o utilidades obtenidas en el negocio.

Bienes: valor permanente de lo que de manera periódica o accidental rinde u ocasiona rentas, intereses o frutos. Parte fundamental de los recursos o fondos propios de la empresa.

Bienes raíces: bienes inmuebles, tales como terrenos, edificios, casas, fincas, etc.

Billete de banco: título al portador, a la vista, sin devengar interés ninguno, por el cual el banco emisor se obliga a pagar al portador la cantidad que en él se expresa en la moneda del país.

Bolsa: local donde se reúnen los negociantes, banqueros, agentes, etc., y donde tienen lugar los negocios de comprar y vender valores públicos.

Bono: título de deuda pública emitido por una Tesorería Pública.

Borrador: libro auxiliar contable, donde se anotan diariamente las transacciones para después pasarlas a los libros de contabilidad.

Bruto: se entiende por peso bruto el peso de la mercancía incluido el de la tara o embalaje.

Bulto: nombre genérico para designar paquetes, baúles, sacos, balas, fardos, cajas, etc.

Bursátil: relativo a la Bolsa, a las operaciones en ella concertadas y a los valores mobiliarios cotizables.

C

Cablegrama: medio de comunicación por cable submarino que enlaza países y continentes.

Cabotaje: comercio marítimo entre puertos cercanos de la misma costa.

Caja: libro auxiliar de contabilidad en el que se registran todas las operaciones de cobros y de pagos.

Cajero: empleado que tiene la responsabilidad del manejo del dinero efectivo de la empresa y tiene a su cargo el Libro de Caja.

Cámaras de Comercio: organismos constituidos por comerciantes cuya función es promover, representar y proteger los intereses mercantiles.

Cámara de Compensación: institución creada por los bancos de una plaza. Su función es la de facilitar el manejo de los efectos comerciales y de los talones entre los diversos bancos.

Cambio: valor relativo de las monedas o divisas de los diferentes países. Permuta de una mercancía por otra.

Capital: valor permanente de lo que de manera periódica o accidental rinde u ocasiona rentas, intereses o frutos. Parte fundamental de los recursos o fondos propios de la empresa.

Capital circulante: diferencia entre el activo y el pasivo circulantes. También se le denomina «fondo de maniobra».

Capitalista: persona acaudalada. El que coopera con la aportación de su capital a uno o más negocios.

Capitalización: acción por la cual el capital es aumentado por los intereses devengados o por las ganancias que éste haya producido.

Carga: asentar en el debe.

Cargo: registro de un asiento en el debe de una cuenta.

Carta de crédito comercial: mandato u orden emitida por un banco para garantizar el pago de unas mercaderías contra entrega de determinados documentos de embarque o de envío y otros requisitos indicados.

Carta de pago: documento público o privado en que el acreedor acredita haber recibido del deudor la cantidad adecuada.

Catastro: censo oficial estadístico de la riqueza urbana y rústica de un país, realizado con finalidad jurídico-fiscal.

Catastral: perteneciente o relativo al catastro.

Cédula (de cualificación): documento en que se reconoce una deuda u otra obligación.

Certificación: instrumento mediante el cual se da fe de la verdad de alguna cosa, bajo la palabra y la firma de quien puede autorizarla.

Cierre de libros: consiste en asentar los correspondientes asientos de cierre al fin del ciclo contable.

Cláusula: artículo de un contrato.

Cliente: comprador habitual.

Código: conjunto de reglas o preceptos sobre cualquier materia. Convención que permite expresar una información en forma susceptible de ser recibida por un aparato calculador, para poder realizar en él las operaciones previstas.

Colindante: se dice de los terrenos o edificios contiguos entre sí.

Comerciante: el que tiene capacidad legal para ejecutar actos de comercio.

Comercio: actividad que consiste en comprar y vender artículos y productos. Tienda o establecimiento comercial. Nombre genérico para designar el conjunto de tiendas de un determinado lugar.

Comisión: el porcentaje que gana un agente por su gestión de compra, venta, cobro o cualquier operación mercantil.

Comisionista: el que desempeña comisiones comerciales.

Compañía: sociedad mercantil.

Compra: adquisición de mercaderías para el uso propio o reventa.

Compraventa: contrato por el cual uno de los firmantes se compromete a entregar un artículo y la otra parte a pagar en dinero su precio en la forma indicada en el mismo.

Comprobante: documento comercial que justifica operaciones tales como facturas, albaranes, vales, etc.

Comunidad de bienes: comunidad referida a las cosas, por cuanto los bienes sujetos a tal figura jurídica son comunes a las personas que son sus titulares de manera indivisible y en común.

Concordante: que concuerda. Convenir una cosa con otra.

Congruente: acorde con otra cosa determinada.

Consignación: remesas de mercaderías mandadas a un consignatario para que las venda por cuenta del remitente.

Consignar: asentar en un presupuesto una partida para atender determinados gastos o servicios. Señalar y destinar el crédito de una finca o efecto para el pago de una cantidad o renta que se debe o se constituye. Designar la tesorería o pagaduría que ha de cubrir obligaciones determinadas.

Consignatario: la persona que recibe mercancías en consignación.

Consorcio: sociedad formada por diversas empresas o entidades bancarias a fin de llevar a cabo una determinada actividad económica, pudiendo intervenir el Estado, empresas nacionales o administraciones locales.

Constituir: formar, fundar, componer.

Contabilidad: rama de las matemáticas aplicadas que registra y controla las variaciones que sufre el patrimonio aportado a una empresa.

Contable: persona que lleva los libros de contabilidad de una empresa.

Contra asiento: asiento de contabilidad

cuyo fin es rectificar otro asentado erróneamente.

Contraprestación: prestación que debe una parte contratante por razón de la que ha recibido o debe recibir.

Contrato: pacto o convenio entre partes que se obligan sobre materia o cosa determinada, y a cuyo cumplimiento pueden ser compelidas. Documento que lo acredita.

Contribución: impuesto obligatorio del Estado con que se grava una actividad comercial, industrial o profesional.

Contribución territorial: la que ha de tributar la riqueza rústica.

Contribución urbana: la que se impone a la propiedad inmueble en centros de población.

Contribuyente: el que paga contribución al Estado.

Control: revisión, verificación.

Copropietario: que tiene dominio de una cosa junto con otro u otros.

Correlativo: referido a un número, el que le sigue inmediatamente en una serie.

Coste medio: coste calculado por el valor de las entradas incorporado al valor de las existencias iniciales de un período y descontado el valor de las existencias.

Costo: valor de lo comprado o producido.

Cotejar: confrontar con otra u otras, compararlas teniéndolas a la vista.

Cotización: acción y efecto de cotizar. Valor que adquieren las acciones y obligaciones como resultado de las variaciones en la oferta y la demanda ocurridas en Bolsa.

Cotizar: fijar el precio de un artículo, moneda o algo que pueda ser valorado. Pagar una cuota. Imponer una cotización financiera a varios indicando a cada uno su cuota.

Crédito: en contabilidad este término es el contrario de débito; es el asiento de una partida en el haber de una cuenta.

Crédito fiscal: el crédito concedido por la Hacienda a la empresa y que servirá para su compensación en varios ejercicios. Puede ser sobre las bases imponibles o sobre las cuotas tributarias.

Cuenta: es una agrupación de débitos y créditos que pertenecen a una misma persona natural o jurídica.

Cuenta corriente: contrato entre dos personas naturales o jurídicas, en el que una parte remite a otra, o recibe de ella, cantidades de valores o mercancías. La cuenta corriente bancaria es llevada por los bancos y en ella se consignan los ingresos y los reintegros.

Cuota: parte o porción que cada uno debe recibir o pagar.

Cuota tributaria: cantidad asignada a cada contribuyente en el repartimiento o lista cobratoria.

Cupo: cuota o parte asignada a un grupo o a un particular en cualquier impuesto, empréstito o servicio.

Cupón: pequeñas porciones de un documento o título público que periódicamente se van cortando para presentarlas para el cobro de los intereses.

D

Debe: una de las dos partes en que está dividida una cuenta en contabilidad.

Debitar: cargar o asentar en el debe.

Declaración de alta: acto en el que el contribuyente declara a Hacienda el ejercicio de industrias o profesiones sujetas a impuesto. Formulario fiscal para hacer tal declaración.

Declarante: persona que declara.

Decreto: decisión, resolución del máximo representante del poder ejecutivo sobre cualquier materia o negocio.

Decreto Ley: que tiene la misma eficacia y valor que cualquier ley formal.

Real Decreto: resolución o mandato firmado por el Rey y refrendado por un ministro.

Déficit: pérdida que sufre una empresa por disminución de su capital.

Demora: tardanza en el cumplimiento de una obligación desde que es exigible.

Depósito bancario: cantidad ingresada en el banco.

Depreciación: pérdida del valor que experimenta un bien del activo por causas técnicas o económicas derivadas de su uso normal de explotación.

Derechos: los aranceles de aduana que se pagan por importación de mercancías.

Derechos reales: impuesto que grava las transmisiones de bienes y otros actos civiles.

Descontar: operación bancaria por la cual un banco anticipa el importe de una letra de cambio antes de su vencimiento, previa deducción de los correspondientes intereses y gastos bancarios.

Descuento: cantidad que se rebaja de una factura por concepto de pago anticipado a su vencimiento.

Desembalar: quitar el embaleje que cubre los fardos de ciertas mercancías.

Desembolsar: satisfacer una cantidad de dinero.

Desembolso: el pago de una cantidad de dinero.

Despachar: enviar mercancías.

Destinatario: persona a quien va dirigida una carta o envío.

Deuda: obligación de pagar a otro una determinada cantidad.

Deuda Pública: valor mobiliario de renta fija, acreditativo de un préstamo al Estado, en virtud del cual éste se compromete al pago periódico de unos intereses y a la devolución eventual del nominal en el caso de que tenga carácter amortizable.

Deuda Tributaria: cantidad que se adeuda o se debe tributar.

Deudor: el que debe alguna cantidad.

Devaluación: rebajar el valor adquisitivo de una moneda.

Devengar: producir interés.

Devengo: criterio contable que indica el momento en que un derecho o una obligación nace y se hace exigible.

Diario: libro de contabilidad donde se registran los asientos de las operaciones.

Diligencia: trámite de un asunto administrativo y constancia escrita de haberlo efectuado.

Dinero: moneda corriente.

Dividendo: parte proporcional de beneficios que corresponde a cada acción.

Divisa: moneda extranjera.

Documento: escrito en el que constan de forma pública y expresa declaraciones de voluntad positivas o negativas, o simplemente hechos o derechos. Comprobante escrito de una transacción o convenio.

Documento Privado: el que entienden o autorizan los interesados por sí mismos o con intervención de testigos, pero no autorizados por notario u otro funcionario público que autentifique.

Documento Público: es el que autoriza un notario o funcionario público competente con las formalidades exigidas por la ley.

Domicilio: lugar en el que legalmente se considera establecida una persona o entidad para el cumplimiento de sus obligaciones y el ejercicio de sus derechos.

Dotación: anotación contable que se establece para cuantificar una provisión durante un determinado período económico.

Duplicado: segundo documento escrito de otro original.

E

Efectivo: dinero contante y sonante.

Efectos: cualquier clase de título de crédito que devenga un interés, puede ser transmitido por endoso y ser descontado.

Efectos Comerciales a Cobrar: letras de cambio, pagarés, cartas de crédito, etc., a favor de la empresa.

Efectos Comerciales a Pagar: letras de cambio, pagarés y otros efectos que la empresa debe pagar.

Ejercicio contable: período contable de un año de duración al final del cual se efectúa el balance general. Puede terminar con el año natural o un año después de iniciarse.

Embalaje: forro con el que se cubren los fardos de mercancías para enviar.

Embarcar: enviar mercancías por barco.

Embargo: ocupación de bienes por orden judicial.

Emitir: extender o librar un efecto de comercio.

Emplazamiento: situación, colocación, ubicación.

Empresa: sociedad mercantil o industrial.

Enajenar: traspasar a otra persona el dominio de una cosa.

Endosante: el que endosa o traspasa el derecho de cobro de un efecto a otra persona.

Endosatario: persona que accede a la propiedad de un efecto como consecuencia de un endoso.

Endoso: operación de transmisión de la propiedad de la letra, según la cual el propietario del efecto (endosante) se lo pasa a otra persona (endosatario).

Enseres: muebles y utensilios de un negocio para el ejercicio de las actividades propias.

Ente: entidad.

Entidad: conjunto de personas que oficial o privadamente se reúnen o forman sociedad para un fin determinado, político, cultural, etc.

Envío contra reembolso: remesa de mercancías por correo en las que el destinatario debe pagar al recibirlas el valor de las mismas.

Epígrafe: título, rótulo, inscripción.

Escritura: documento en el que se hace constar un acto o negocio jurídico.

Escriturar: hacer constar con escritura pública y en forma legal un otorgamiento o un hecho.

Estado de una cuenta: resumen contable de la misma.

Estafar: obtener dinero o mercancías de valor mediante engaño y con intención de no pagar.

Estatuto: reglamento u ordenanza. Por extensión, cualquier ordenamiento eficaz para obligar: contrato, disposición, testamentaría, etc.

Estimar: evaluar una cosa.

Estimación Objetiva Singular: valoración y evaluación del movimiento habido en una empresa. Impuesto.

Estructura financiera: distribución de la financiación total de la empresa entre las diversas fuentes de financiación.

Exención: acción y efecto de eximir o eximirse de cargos u obligaciones.

Expedir: dar curso a las causas o negocios, despacharlos.

Exportación: envío de mercancías al extranjero.

Exportador: el comerciante que exporta al extranjero.

Extender: emitir un documento.

Extrajudicial: arreglo o convenio que se hace fuera de la vía judicial.

F

Fábrica: planta industrial donde se producen artículos manufacturados.

Fabril: relativo a la fábrica.

Factura: documento comercial en el que se detallan las mercancías vendidas.

Facturación: proceso de elaboración de las facturas de las mercancías vendidas a los clientes.

Fiador: persona que garantiza el pago de una obligación.

Fianza: garantía que da el contratante para respaldar el buen cumplimiento de su obligación.

Filial: empresa que tiene cierta autonomía pero que depende de una casa matriz, a pesar de que no es sucursal de ella.

Financiar: crear o fomentar una empresa aportando el dinero necesario.

Financiación externa: financiación captada en el mercado de capitales por ampliaciones de capital, emisión de obligaciones o negociación de nuevos préstamos y créditos.

Firma comercial: empresa industrial o comercial.

Fiscal: conjunto general de impuestos del Estado. Perteneciente al fisco o al oficio fiscal.

Fisco: el Estado como sujeto de derechos y obligaciones privados.

Flete: costo del transporte marítimo de las mercancías.

Folio: nombre legal que se da a las páginas de los libros de contabilidad.

Fondo de comercio: valor, positivo o negativo, de naturaleza inmaterial o intangible que se produce sobre una empresa, explotación o instalación como consecuencia de su actividad durante un período de tiempo.

G

Ganancia: beneficios obtenidos.

Gastos plurianuales: gastos que se contraen en un determinado ejercicio, pero cuya repercusión económica es de proyección plurianual, es decir, de varios ejercicios o períodos contables.

Género: nombre con el que se denominan en el comercio a las mercancías.

Gerente: director jefe de una empresa.

Gestión: acción y efecto de administrar. Acción administrativa destinada a poner en funcionamiento la organización de la empresa, elaborada y realizada por la dirección y los órganos ejecutivos.

Gestor administrativo: persona que tiene atribuciones para llevar asuntos ajenos, recibiendo remuneración.

Gestor de negocios: el que sin tener mandato para ello cuida bienes, negocios o intereses ajenos en pro de aquel a quien pertenecen.

Girar: emitir, librar órdenes de pago.

Giro: acto de trasladar, por medio de documentos, dinero de un punto a otro.

Giro bancario: cheque emitido por un banco sobre el propio banco u otro.

Giro postal: orden de pago a una tercera persona de una cantidad entregada en una estafeta de correos.

H

Haber: una de las partes en que se divide la cuenta de contabilidad y en la cual se asientan los créditos.

Hipoteca: préstamo concedido con garantía de un inmueble.

Honorarios: pago que se da por un trabajo en una profesión liberal.

I

Ilegal: algo que va contra la ley.

Ilegible: que no se puede leer.

Imagen fiel: principio contable que se establece para indicar que los estados financieros (balance, cuenta de pérdidas y ganancias y otros) deben ser confeccionados y presentados de tal forma que den una visión verdadera de la auténtica situación económica de la empresa.

Importación: acción de importar mercancías del extranjero.

Impuesto: cantidad que el Estado exige sin reciprocidad en virtud de decisión coactiva. Transmisión de valores económicos que reviste en general la forma de dinero y que coactivamente y sin contraprestación efectúan los sujetos económicos en favor del Estado en virtud de una disposición legal.

Incapacidad: carencia de aptitud legal para ejecutar válidamente determinados actos, o para obtener determinados oficios públicos.

Indemnización: compensación por un daño causado.

Industria: fábrica donde se ejectuan una serie de operaciones para transformar una materia prima en un artículo manufacturado.

Inflación: emisión de billetes en cantidad excesiva.

Informe comercial: exposición detallada y confidencial del crédito material y moral de una persona o entidad.

Ingreso: cantidad de dinero que percibe un sujeto económico derivada de los servicios productivos prestados por él o por sus bienes.

Inmueble: bienes raíces tales como terrenos, edificios, casas, etc.

Inscripción: razón tomada en algún registro de los documentos o las declaraciones que han de asentarse en él según las leyes.

Insolvencia: incapacidad para poder pagar una deuda.

Interés: ganancia que devenga un capital que se ha prestado.

Intermediario: la persona que media entre otros dos. Por ejemplo, entre el productor y el consumidor.

Inventario: relación de todos los bienes que posee una persona o una empresa.

J

Jornal: salario diario ganado por un obrero.

Junta: reunión de varios directivos de una sociedad para tratar de un asunto.

Justificante: documento comprobatorio.

L

Letra de cambio: documento negociable en el cual el librador (acreedor) ordena a una persona llamada librado (deudor) que pague el importe de una letra a una tercera persona denominada tomador.

Ley: norma jurídica de carácter general y obligatoria, dictada por los órganos estatales a los que el ordenamiento jurídico atribuye el poder legislativo.

Librado: aceptante, cargo, girado o pagador de una letra de cambio.

Librador: el que gira o emite una letra de cambio.

Licencia: facultad o permiso para hacer una cosa.

Licencia de exportación: documento presentado a la administración por el exportador, con la finalidad de obtener autorización para realizar una operación comercial con el extranjero.

Licencia de obras: autorización administrativa necesaria para construir o reformar un inmueble destinado a viviendas o usos industriales, o bien para la realización de una obra de infraestructura.

Licencia fiscal: impuesto directo que deben pagar las empresas comerciales o industriales por el mero ejercicio de sus actividades.

Lindero: que está contiguo, que linda con una cosa.

Liquidez: capacidad de disponer de recursos monetarios para afrontar los pagos exigidos.

Lonja: edificio público donde se juntan los comerciantes para concertar sus tratos mercantiles.

Lucro: utilidad o ganancia que se saca de una cosa.

M

Manufactura: industria en la que predomina el trabajo manual.

Manzana: en las poblaciones, conjunto aislado de casas contiguas.

Mayor (venta al mayor): son ventas al mayor todas las realizadas por los fabricantes, excepto las que hacen directamente al consumidor.

Mayorista: se aplica al comercio en que se vende o compra por mayor.

Mercaderías: artículos que son objeto del comercio.

Mercado: establecimiento público donde se comercia.

Mercancías: mercaderías.

Minorista: comerciante o comercio por menor. Se dice del canal de distribución de bienes de consumo constituido por los comerciantes que suministran las mercancías directamente al consumidor.

Mobiliario: conjunto de muebles y enseres de un negocio.

Mora: retraso en los pagos.

Moratoria: plazo que se concede a los deudores que no han podido cumplir sus pagos a su debido tiempo.

Muelle: instalaciones construidas a orillas del mar para facilitar el atraque de los buques y la carga y descarga de las mercancías transportadas por ellos.

Muestra: pequeña parte de mercancía que representa una calidad.

Muestrario: colección de muestras.

Municipio: división administrativa menor, suele comprender un núcleo de población y el territorio circundante.

Mutua: entidad económica cuya característica principal es la ausencia de accionistas. Los miembros que la componen (individuos particulares en su mayoría) son sus propietarios.

N

Negociante: es el comerciante cuya actividad consiste en negociar.

Negocio: empresa mercantil. Transacción comercial.

Neto: lo que queda después de restarle al peso bruto la tara.

Nómina: relación de empleados y sus sueldos correspondientes.

Nota de cargo: comunicación contable de que se ha debitado la cuenta.

Nota de crédito: comprobante que informa de un abono de una cuenta.

Nota de débito: documento empleado para cargar una cuenta.

Nota de devolución: comprobante para registrar las devoluciones de mercancías.

Notaría: despacho de notario.

Notario: funcionario público autorizado para dar fe en los contratos, testamentos y otros actos extrajudiciales.

Notificación: escrito mediante el cual se pone en conocimiento de las partes o de sus representantes legales la resolución de un trámite o de un asunto judicial.

Notificar: hacer saber una resolución de la autoridad con las formalidades preceptuadas para el caso. Dar noticia de una cosa, comunicarla.

O

Obligación: título que representa un préstamo a una empresa, con un interés fijo y garantizado por el activo de la empresa.

Obrero: peón asalariado.

Oferta: ofrecimiento de mercancías para su venta.

Oficina: local donde se ejecutan las funciones administrativas de la empresa.

Opción: contrato por el que una parte concede a la otra, por un tiempo fijo y en condiciones determinadas, la facultad de decidir respecto a un contrato principal.

Operación: transacción mercantil.

Operaciones onerosas: las que incluyen conmutación de prestaciones recíprocas, a diferencia de lo que se adquiere a título lucrativo.

Optar: entrar en la dignidad, empleo u otra cosa a que se tiene derecho. Escoger una cosa entre varias.

Orden de Bolsa: mandato que se da a un agente de cambio, corredor de bolsa o banco para que compre o venda un valor en la Bolsa; según la naturaleza de la compra o venta, ésta puede ser: al contado, a término, con prima, lo mejor posible, al primer precio del mercado, etc.

Orden de entrega: impreso expedido por un exportador, en el que se ordena de forma explícita al transportista que entregue la mercancía al destinatario.

Orden de fabricación: acto realizado por el jefe de producción, que exige la ejecución de un conjunto de instrucciones, las cuales contienen las instrucciones de las operaciones que se van a realizar en un determinado programa de producción.

Orden de Pago (libramiento): orden que se da por escrito para que el tesorero, cajero, etc., pague una cantidad de dinero u otro género.

Claúsula a la orden: expresión usada en el Código de Comercio para designar el endoso.

Orden del día: lista fijada anticipadamente de los asuntos que se propone examinar una asamblea deliberante en el curso de una sesión.

Ordenación: oficina de cuenta y razón.

Ordenación de pagos: servicio consistente en la distribución y realización de los pagos que se hayan de ejecutar por las cajas del Tesoro Público.

Ordenanza: mandato, disposición.

Ordenanza municipal: conjunto de reglas o preceptos que se dan por la autoridad competente para la ejecución de una ley dentro de una corporación.

Organismo: conjunto de oficinas, dependencias o empleos que forman un cuerpo o institución de tipo social o político.

Organización: conjunto de dependencias y normas administrativas que actúan armónicamente.

Otorgamiento: firma de un contrato o convenio.

Otorgar: disponer, establecer, ofrecer, estipular o prometer una cosa, cuando por lo común interviene la fe notarial. Dar una disposición o una ley.

P

Pacto: acuerdo o convenio.

Padrón: relación nominal de los habitantes de una jurisdicción o distrito administrativo con especificación de una serie de características como: edad, sexo, estado civil, etc.

Pagaré: documento o efecto comercial en virtud del cual una persona se compromete a pagar una determinada suma en fecha y lugar convenidos.

Papel moneda: billete de banco de curso obligatorio y que sustituye al dinero en metálico.

Parcela: cada una de las partes en que se divide un terreno grande. En el catastro cada una de las tierras de distinto dueño.

Partida contable: asiento en los libros de contabilidad.

Partida doble: sistema de contabilidad en cuyos asientos intervienen por lo menos dos conceptos opuestos.

Partida simple: sistema contable que no sigue los principios de la duplicación de los conceptos opuestos y se limita a asentar los conceptos de manera simple.

Pasivo: masa del balance que recoge todas las obligaciones y deudas contraídas por la empresa con sus propietarios y acreedores.

Pasivo circulante: pasivo exigible con plazo de vencimiento, habitualmente inferior a un año.

Patente de invención: derecho que le otorga el Estado al inventor para que explote en forma exclusiva su invento.

Patrimonio: conjunto de bienes que posee una persona o entidad.

Pedido: orden de compra.

Pérdida: quebranto pecuniario que sufre un negocio.

Período contable: ciclo contable.

Perjuicio: daño ocasionado a otro.

Permuta: cambio de un artículo por otro.

Personal: conjunto de empleados de una empresa.

Pertenencias: objetos o cosas propias de una persona.

Peso bruto: el del artículo incluyendo el peso de los envases o embalajes.

Peso neto: el del artículo solo.

Peticionario: el que pide o solicita oficialmente una cosa.

Pignorar: dar en prenda mercancías como garantía.

Plan: proyecto o planificación preconcebida.

Planta: conjunto de dependencias que forman una fábrica.

Plaza comercial: localidad comercial.

Plazo: término o tiempo señalado de un vencimiento.

Poder: autorización para actuar legalmente en representación de otro.

Porcentaje: porción de una cantidad respecto de otra calculada o expresada sobre la centena.

Portador: detentor de un documento.

Postal: relativo al correo.

Postor: el que hace una oferta en una subasta.

Preceptiva: que incluye o encierra en sí preceptos, mandatos, órdenes o reglas establecidas por una autoridad competente.

Precio: el valor de una cosa estimado en efectivo.

Prescripción: extinción de un derecho o carga después de un determinado tiempo.

Prestamista: persona que presta dinero con interés.

Préstamo: cantidad que se deja por un determinado tiempo, a cuyo vencimiento debe ser devuelta.

Presupuesto: cómputo anticipado de los ingresos y gastos.

Prima: porcentaje que se paga por la póliza emitida por una compañía de seguros.

Principal: cantidad nominal sobre la que se calculan los intereses de un préstamo o crédito, o que ha de ser devuelta al prestamista.

Proceder: pasar a poner en ejecución una cosa a la cual precedieron algunas diligencias.

Promotor: que promueve un asunto, haciendo las diligencias que conducen a su logro.

Promulgación: entrada en vigor de una ley mediante la publicación de la misma en el Boletín Oficial del Estado.

Propaganda: difusión para dar a conocer un servicio o un producto.

Propiedad: derecho de poseer y usar una cosa.

Prorrata: porción de un reparto entre varios.

Prórroga: plazo por el cual se continúa una cosa.

Protesto: acto por el cual un notario levanta un acta haciendo constar la falta de pago o aceptación de una letra.

Proveedor: la persona que habitualmente vende mercancías a la empresa.

Provisión: anotación contable que se hace para cubrir determinados hechos futuros ciertos en su naturaleza, pero no en su importe concreto.

Provisión de fondos: la existencia de un saldo en una cuenta corriente bancaria suficiente para hacer frente a una determinada obligación o pago.

Puerto franco: aquel en el que la mercancía no está gravada por derechos de aduana por estar en tránsito con destino a otros países.

Q

Quiebra: estado de insolvencia que impide a un comerciante cumplir con sus obligaciones, ya que su activo es inferior a su pasivo.

Quórum: número necesario de individuos de una junta deliberante.

R

Ratificar: aprobar, corroborar o confirmar actos, palabras o escritos dándolos por valederos y ciertos.

Ratios: relaciones sobre masas o partidas del balance que resultan más significativas que los valores absolutos.

Razón social: nombre de una sociedad mercantil usado en el membrete y propaganda de la empresa.

Reanudación: acción y efecto de reanudar o continuar el trato, estudio o trabajo que se había suspendido.

Reaseguro: contrato en virtud del cual una compañía aseguradora toma a su cargo y riesgo el contrato existente entre otro asegurador y el asegurado.

Rebaja: descuento que se hace sobre el costo de un artículo o mercancía.

Recargo: cantidad que se recarga, como, por ejemplo, cuando se retrasa un pago.

Reclamación: protesta que se formula por deficiencia en la calidad, cantidad o por otro motivo cualquiera.

Rédito: interés que devenga un capital.

Registro: oficina donde se lleva el control de determinados acontecimientos que producen o modifican el estado civil de las personas o que afectan a sus bienes, o de determinados actos que tienen interés público. Colección de libros oficiales donde se escriben dichos actos. Asiento que queda de lo que se registra.

Registro civil: en donde se hace constar por autoridades competentes los nacimientos, matrimonios, defunciones y demás hechos relativos al estado civil de las personas.

Registro de la propiedad: en que se inscriben por registrados todos los bienes raíces de un partido judicial con expresión de sus dueños y se hacen constar los cambios y limitaciones de derecho que experimentan dichos bienes.

Registro de la propiedad industrial: el que sirve para registrar patentes de invención o de introducción, marcas de fábrica, nombres comerciales y recompensas industriales, y para obtener el amparo legal de los derechos concernientes a todo ello.

Registro mercantil: el que con carácter público sirve para la inscripción de actos y contratos de comercio, preceptuada legalmente en determinados casos.

Regularización: en sentido estricto, acción de actualizar contablemente unos elementos que, además, se tenían ocultos o con valores monetarios ficticios.

Remate: venta de bienes en una subasta.

Remesa de fondos: envío de dinero.

Repartir: distribuir entre varios.

Representante: persona que representa a otras, a veces con carácter de exclusividad en ciertas zonas.

Rescindir: anular un contrato o convenio.

Responsabilidad: solvencia para responder a obligaciones contraídas.

Riesgo financiero: posibilidad, por parte de una empresa, de no poder afrontar la devolución de un préstamo o crédito, con los consiguientes quebrantos que de ello pudieran derivarse.

Rúbrica: rasgo caligráfico que sigue a la firma.

S

Salario: remuneración que percibe un empleado por su trabajo.

Saldo: diferencia entre el debe y el haber.

Sede: domicilio principal de una entidad.

Seguro: contrato que cubre los riesgos que pueda sufrir una persona o sus bienes.

Siniestro: accidente o incendio sufrido por aquello que está cubierto por una póliza de seguros.

Sociedad: agrupación de personas con un determinado fin.

Sociedad anónima: sociedad mercantil que se forma por acciones, con responsabilidad circunscrita al capital que éstas representan.

Sociedad colectiva: sociedad de carácter mercantil en que los socios participan con los mismos derechos y obligaciones y con responsabilidad ilimitada.

Sociedad cooperativa: la que se constituye entre productores, vendedores o consumidores, para la utilidad común de los socios.

Sociedad limitada: aquella en que la responsabilidad de cada socio está limitada al capital aportado.

Socio: persona que forma parte de una sociedad.

Socio capitalista: persona que coopera con su capital en uno o más negocios.

Solar: porción o terreno donde se ha edificado o que se destina a la edificación.

Solicitud: diligencia o instancia. Memorial en el que se solicita algo.

Subarrendar: dar o tomar en arriendo algo alquilado.

Subasta: venta pública de bienes que se hace al mejor postor.

Sucursal: establecimiento que, dependiendo de una casa matriz, desempeña las mismas funciones que ésta.

Sueldo: remuneración asignada por el desempeño de un cargo o servicio profesional.

Superávit: exceso del haber sobre el debe en una cuenta o de los ingresos sobre los gastos.

Surtido: variedad de mercancías.

T

Talón: orden de pago de una cantidad contra una institución bancaria con la cual se mantiene una cuenta corriente.

Tara: peso del envase o embalaje de un artículo o de una mercancía.

Tarifa: tabla o catálogo de precios, derechos o impuestos que se deben pagar por alguna cosa o trabajo.

Técnica: conjunto de procedimientos de que se sirven una ciencia, arte, oficio, etc.

Tecnología: conjunto de los conocimientos propios de un oficio mecánico o arte industrial.

Telecomunicación: sistema de comunicación telegráfica, telefónica, radiotelegráfica y demás análogos.

Telefonema: despacho telefónico.

Telegrama: despacho telegráfico.

Télex: sistema de comunicación por teletipos entre particulares que puede utilizar las líneas telefónicas. Mensaje o despacho recibido o envidado por télex.

Tenedor: persona que tiene la letra de cambio y a quien el librador debe abonarla a su vencimiento; en caso contrario, el tenedor podrá exigir su abono a los endosantes y al librador que figuren en el efecto.

Teneduría: conjunto de procedimientos que se llevan para registrar en los libros contables los correspondientes asientos de un período económico.

Tesorería: parte del activo de un negocio disponible en metálico o fácilmente realizable. Oficina o despacho del tesorero.

Tesorero: persona encargada de custodiar los caudales de una dependencia pública o particular.

Titular: el que ejerce cargo, oficio o profesión con cometido especial y propio. Que da su propio nombre por título a otra cosa.

Título: documento representativo de una deuda pública o comercial.

Tonelada: unidad de peso equivalente a 1.000 kilogramos.

Tramitación: serie de trámites necesarios para resolver un asunto.

Tributo: impuesto que percibe el Estado.

U

Ulterior: que se dice, sucede o se ejecuta después de otra cosa.

Usuario: que tiene derecho a usar de la cosa ajena con cierta limitación.

Usufructo: derecho a disfrutar bienes ajenos con la obligación de conservarlos.

Usufructuario: persona que posee derecho de usufructo sobre alguna cosa.

Usura: interés excesivo en un préstamo.

V

Valor: precio correspondiente a la estimación de una cosa.

Valor añadido: incremento experimentado en el valor de un bien en el transcurso de las diferentes fases de un proceso productivo.

Valor en cuenta: el que el emisor de una letra de cambio cubre con un asiento del mismo importe del tomador, en la cuenta mantenida entre ambos.

Valor intrínseco: valor material de una moneda, dependiendo de su peso y de la ley del metal que la compone.

Valor nominal: la suma que figura en un efecto comercial o título.

Valores: títulos representativos de participación en haberes de sociedades, de cantidades prestadas, de mercaderías, de fondos pecuniarios o de servicios que son materias de operaciones mercantiles.

Valores declarados: billetes de banco, monedas o cualquier cosa de valor que se envía por correo bajo la responsabilidad del Servicio de Correos.

Vencimiento: cumplimiento del plazo de una deuda, obligación, etc.

Vender: traspasar a otro por el precio convenido la propiedad de un artículo.

Vigente: se dice de las leyes y ordenanzas que están en vigor.

Visar: reconocer, examinar la autoridad competente un instrumento, certificación, pasaporte, etc., poniéndole el visto bueno, por lo general para un uso determinado.

Visado: acción y efecto de visar la autoridad un documento.

II GLOSARIO MULTILINGÜE

Español	*Inglés*	*Francés*	*Alemán*

A

Español	Inglés	Francés	Alemán
Acción	share	action	Aktie
Activo	assets	actif	Aktiva, Vermögen
Aduana	customs	douane	Zoll
Albarán	invoice, delivery note	bulletin de livraison	Lieferschein, Warenrechnung
Alta (darse de)	to enrol	s'inscrire	sich einschreiben lassen
Amortización	amortization	amortissement	Abschreibung, Tilgung
Arancel	customs tariff	tarif douanier	Zoll, Zolltarif
Asalariado	wage earner	salarié	Lohnempfänger
Asiento	book entry	écriture comptable	Buchung, Bucheintragung
Aval	guarantee	aval, garantie	Aval

B

Español	Inglés	Francés	Alemán
Baja (darse de)	to resign, to drop out	cesser d'appartenir	sich beurlauben lassen
Balance	balance	bilan	Bilanz
Banco	bank	banque	Bank
Beneficio	profit, benefit	profit bénéfice	Gewinn, Profit
Bienes	goods	biens	Güter, Vermögen
Bolsa de valores	Stock Exchange	Bourse des Valeurs	Wertpapierbörse
Bono	bond, voucher	bon	Gutschein, Bon

C

Español	Inglés	Francés	Alemán
Cartera de valores	portfolio	portefeuille	Wertpapierportefeuille
Cláusula	clause	clause	Klausel
Cobro	cashing	encaissement	Einkassieren
Comisión	commission	commission	Provision
Competencia	competition	concurrence	Wettbewerb
Consorcio	consortium	consortium	Konsortium
Consumidor	consumer	consommateur	Verbraucher, Konsument
Consumo	consumtion	consommation	Verbrauch, Konsum
Contabilidad	accountancy	contabilité	Buchführung
Contado (al)	cash	comptant	gegen bar
Contraprestación	benefit	contreprestation	Gegenleistung
Contribución	contribution	contribution	Beitrag, Steuer
Contribuyente	tax payer	contribuable	Steuerzahler
Convenio	settlement	accord, convention	Vereinbarung
Coste	cost	coût, frais	Kosten
Cotización	quotation	cours, cotation	Kurs, Notierung
Crédito	credit, loan	crédit	Kredit
Cuenta	account	compte	Rechnung
Cuenta bancaria	bank account	compte bancaire	Bankkonto
Cuenta corriente	current account	compte courant	Iautendes Konto, Konto Korrent
Cuota	quota	quote	Quote, Anteil
Cupón	cuopon	coupon	Schein, Kupon

CH

Español	Inglés	Francés	Alemán
Cheque	cheque, check	chéque	Scheck

D

Español	Inglés	Francés	Alemán
Debe	debit	débit	Soll, Debet
Déficit	deficit	déficit	Defizit
Demanda	demand	demande	Nachfrage
Desempleo	unemployment	chômage	Arbeitslosigkeit
Desgravación	tax remission	dégrévement	Steuerbefreiung
Detallista	retailer	détaillant	Einzelhändler

Español	*Inglés*	*Francés*	*Alemán*
Deuda	debt	dette	Schuld
Devaluación	devaluation	dévaluation	Abwertung
Dinero	money	argent	Geld
Dividendo	dividend	dividende	Dividende
Divisa	foreign exchange	devise	Devisen

E

Efecto público	effects, securities	effet public	Staatspapier
Embarque	shipment	embarquement	Einschiffung
Emisión	issue	émission	Emission, Ausgabe
Empresa	firm, company	enterprise	Unternehmen
Estatuto	statute	statut	Statut, Gesetz
Excedente	surplus	excédent	Überschuss
Existencias	stock	stocks	Lagervorrat

F

Factura	invoice, bill	facture	Rechnung, Faktura
Filial	subsidiary, branch	filiale	Tochtergesellschaft
Fiscal	fiscal	fiscal	Steuer
Flete	freight	fret	Fracht
Fomento	promotion	promotion	Förderung

G

Ganancia	profit	gain	Gewinn
Garantía	guarantee, warranty	garantie	Garantie
Gastos	expenditure	dépense, frais	Ausgaben, Kosten
Giro postal	postal order	mandat postal	Postüberweisung

H

Haber	credit, assets	avoir	Haben
Hipoteca	mortgage	hypothek	Hypothek

I

Impreso	printed form	formulaire	Vordruck, Formular
Impuesto	tax	impôt	Steuer
Incapacidad	disability	incapacité, inhabilité	Unfähigkeit
Indemnización	indemnity	indemnité	Entschädigung
Inflación	inflation	inflation	Inflation
Ingresos	income	revenu	Einkommen
Insolvencia	insolvency	faillité	zahlungsunfähigkeit
Instancia	application form	instance	Bittschrift
Interés	interest	intérêt	Zinsen
Intermediario	middleman	intermediaire	Zwischenhändler
Inventario	inventory, stock taking	inventaire	Inventur
Inversión	investment	investissement	Investition

L

Letra de cambio	bill of exchange	lettre de change	Wechsel, Tratte
Librado	drawee	tiré	Wechselbezogener
Librador	drawer	tireur	Wechselaussteller
Licencia	licence	licence	Lizenz, Genehmigung
Liquidez	liquidity	liquidité	Liquidität
Lucro	profit, gain	profit	Gewinn, Profit

M

Marca	trade mark, brand	marque	Marke
Materia prima	raw material	matière première	Rohstoff
Mayorista	wholesaler	grossiste	Grosshändler

Español	*Inglés*	*Francés*	*Alemán*
Mercancía	goods, merchandise	marchandise	Ware
Mercantil	commercial, mercantile	mercantile	Handels
Minorista	retailer	détaillant	Einzelhändler
Monopolio	monopoly	monopole	Monopol

N

Necesidad	need	besoin	Bedarf
Negociación	negotiation	négotiation	Verhandlung
Negocio	business	affaire	Geschäft

O

Obligación	debenture, bond	obligation	Obligation, Verbindlichkeit
Oferta	offert, supply	offre	Angebot
Operación (bursátil)	transaction	opération	Börsengeschäft

P

Pagaré	provisory note	billet a ordre	Schuldschein
Pago	payment	paiement, versement	Zahlung
Paridad	parity	parité	Parität, Gleichheit
Partida doble	double entry	partie double	doppelte Buchführung
Partida simple	single entry	partie simple	einfache Buchführung
Pasivo	liabilities	passif	Passiva
Patente	patent	brevet d'invention	Patent
Patrimonio	patrimony, estate	patrimoine	Vermögen, Nachlass
Pedido	order	commande	Auftrag, Bestellung
Pérdida	loss	perte	Verlust
Plusvalía	appreciation, increased valve	appreciation	Wertzuwachs, Zugewinn
Póliza	policy	police	Police
Precio	price	prix	Preis
Prestación	benefit	prestation	Leistung
Préstamo	loan	prêt	Darlehen
Presupuesto	budget	budget	Haushaltsplan, Budget
Prima (seguros)	premium	prime	Prämie
Productividad	productivity	productivité	Produktivität
Productor	producer	producteur	Hersteller
Propietario	owner, landlord	propiétaire	Eigentümer
Publicidad	publicity	publicité	Werbung

Q

Quiebra	bankruptcy	faillite	Konkurs

R

Razón social	trade name	raison sociale	Firmenname
Reaseguro	reinsurance	réassurance	Rückversicherung
Recibo	receipt	quittance, acquit	Quittung
Reembolso	refund	remboursement	Rückerstattung
Renta	revenue, income	revenu	Einkommen, Rente
Rentabilidad	yield, profitability	rentabilité	Rentabilität
Rentable	profitable	rentable	rentabel

S

Saldo	balance	balance	Saldo
Seguros	insurance	assurance	Versicherung
Siniestro	disaster	sinistre	Schadensfall
Sociedad anónima	limited liability company	société anonime	Aktiengesellschaft
Sociedad colectiva	partnership company	société en mon collectif	offene Handelsgesellschaft
Sociedad limitada	private limited company	société à responsabilité limitée	Gesellschaft mit beschränkter Haftung
Sociedad mercantil	trading partnership	société mercantile	Handelsgesellschaft
Socio	partner, member	associé	Partner, Teilhaber
Suscripción	subscription	souscription	Unterzeichnung
Suspensión de pagos	suspension of payments	cessation des paiements	Einstellung der Zahlungen

Español	*Inglés*	*Francés*	*Alemán*
T			
Talón	chèque, stub	chèque	Scheck
Tanto por ciento	rate per cent	pourcentage	Prozentsatz
Tarifa	rate, tariff	tarif	Tarif
Tesorería	treasury	trésorerie	Schatzamt
Título	security, bond title	titre	Wertpapier
Tomador	borrower	bénéficiaire	Wechselnehmer, Darlehensnehmer
Transferencia	bank transfer	virement bancaire	Banküberweisung
Tributo	tax	impôt	Steuer
U			
Utilidad	profit, utility	utilité	Nutzen, Gewinn
V			
Valor añadido	value added	valeur ajoutée	Mehrwert
Valor efectivo	securities	valeur effective	Effektivwert
Valor nominal	face value	valeur nominal	Nominalwert
Vencimiento	maturity	échéance	Fälligkeit

III SIGLAS

A

AAC: Arancel Aduanero Común
ADR: Acuerdo Europeo sobre transportes internacionales peligrosos por carretera.
AEB: Asociación Española de Banca.
AECA: Asociación Española de Contabilidad y Administración de Empresas.
AECOC: Asociación Europea de Codificación Comercial.
AELE: Asociación Europea de Libre-Cambio.
AEPE: Asociación para el Estudio de los Problemas de Europa.
AIE: Agencia Internacional de la Energía.
AIF: Asociación Internacional de Fomento.
ALADI: Asociación Latinoamericana de Integración.
ALALC: Asociación Latinoamericana de Libre Comercio.
AMA: American Marketing Association.
AME: Acuerdo Monetario Europeo.
AMF: Acuerdo Multifibras.
ANGED: Asociación Nacional de Grandes Empresas de Distribución.
AOD: Ayuda Oficial al Desarrollo.
ASAM: Asociación de Naciones de Asia Meridional.
ASEAN: Asociación de Naciones de Asia Sudoriental.
ASSIDER: Asociación de Siderurgistas Europeos.
ATAI: Asociación de Transporte Aéreo Internacional.

B

BEI: Banco Europeo de Inversión.
BEN: Bienestar Económico Neto.
BERD: Banco Europeo de Reconstrucción y Desarrollo.
BEUC: Buró Europeo de Consumidores.
BEX: Banco Exterior de España.
BIRD: Banco Internacional para la Reconstrucción y el Desarrollo.
BIRFT: Banco Internacional de Reconstrucción y Fomento.
BOE: Boletín Oficial del Estado.
BOCM: Boletín Oficial de la Comunidad de Madrid.
BRI: Banco de Pagos Internacionales.

C

CAD: Comité de Ayuda al Desarrollo.
CAEM: Consejo de Asistencia Económica Mutua (COMECON).
CAME: Consejo de Asistencia Mutua Económica.
CAMP: Caja de Ahorros y Monte de Piedad de Madrid.
CAMPSA: Compañía Arrendataria del Monopolio de Petróleos.
CARICOM: Mercado Común del Caribe.
CATS: Mercado Continuo Asistido por Ordenador (Computer Assisted Trading System).
CCA: Consejo de Cooperación Aduanera.
CCE: Comisión de las Comunidades Europeas.
CCI: Cámaras de Comercio e Industria.
CCIPB: Comisión sobre Comercio Internacional de Productos Básicos.
CECA: Comunidad Europea del Carbón y del Acero.
CED: Comunidad Europea de Defensa.
CEDEFOP: Centro Europeo de Formación Profesional.
CEDIN: Centro de Documentación e Información del Comercio Exterior.
CEE: Comunidad Económica Europea.
CEEA: Comunidad Europea de la Energía Atómica.
CEEP: Centro Europeo de la Empresa Pública.
CENELEC: Comité Europeo de Normas Eléctricas.
CEOE: Confederación Española de Organizaciones Empresariales.
CEPAL: Comisión Económica para América Latina.
CEPYME: Confederación Empresarial Pequeña y Mediana Empresa.
CES: Comité Económico y Social.
CIDEC: Consejo Interamericano de Educación y Cultura.
CIF: (Coste, Seguro, Flete) Const, Insurance, Freight.
CIRCE: Centro de Información e Investigación de las Comunidades Europeas.
CIOSL: Confederación Internacional de Organizaciones Sindicales Libres.
CJCE: Tribunal de Justicia de las Comunidades Europeas.
CMT: Confederación Mundial de Trabajadores.
CNAG: Confederación Nacional de Agricultores y Ganaderos.
CNJA: Centro Nacional de Jóvenes Agricultores.
COMECON: Consejo de Asistencia Económica Mutua.
COPA: Comité de Productores Agrícolas.
COREPER: Comité de Representantes Permanentes.
CNMV: Comisión Nacional del Mercado de Valores.
CSB: Consejo Superior Bancario.

D

DEP: Demócratas Europeos de Progreso.
DOM: Departamento de Ultramar.
DUA: Documento Unico Aduanero.

E

EAMA: Estados Africanos y Malgache Asociados.
ECU: Unidad de Cuenta Europea.
EFECOM: Teletexto Económico de EFE.
EFMC: Fondo Europeo de Cooperación Monetaria.
EFTA: Asociación Europea de Libre Cambio AELE-EFTA.
EOC: Entidades Oficiales de Crédito.
EUR: Europa.
EURATOM: Comunidad Europea de la Energía Atómica.
EUROCOOP: Comité Europeo de Cooperativas.
EUROSTAT: Oficina Europea de Estadísticas.

F

FCI: Fondo de Compensación Territorial.
FDG: Fondo de Garantía de Depósitos.
FECOM: Fondo Europeo de Cooperación Monetaria.
FED: Fondo Europeo de Desarrollo.
FEDER: Fondo Europeo de Desarrollo Regional.
FEOGA: Fondo Europeo de Orientación y Garantía Agrícola.
FGS: Fondo de Garantía Salarial.
FME: Fondo Monetario Europeo.
FMI: Fondo Monetario Internacional.
FORPPA: Fondo de Ordenación y Regulación de los Precios y Productos Agrarios.
FSE: Fondo Social Europeo.
FTT: Federación de Trabajadores de la Tierra.

G

GAEI: Grandes Areas de Expansión Industrial.
GATT: Acuerdo General sobre Aranceles y Comercio.

I

IATA: Asociación Internacional de Transporte Aéreo.
ICEX: Instituto Español de Comercio Exterior.
ICI: Instituto de Cooperación Iberoamericana.
ICO: Instituto de Crédito Oficial.
ICONA: Instituto de Conservación de la Naturaleza.
I + D: Investigación y Desarrollo.
IDE: Instituto de Desarrollo Económico.
IEME: Instituto de Moneda Extranjera.
IFEMA: Instituto Ferial de Madrid.
IIEE: Impuestos Especiales.
IMAC: Instituto de Mediación y Arbitraje.
INDO: Instituto Nacional de Denominación de Origen.
INE: Instituto Nacional de Estadística.
INEM: Instituto Nacional de Empleo.
INFE: Instituto Nacional de Fomento a la Exportación.
INH: Instituto Nacional de Hidrocarburos.
INI: Instituto Nacional de Industria.
IPC: Indice de Precios al Consumo.
IRPF: Impuesto sobre la Renta de las Personas Físicas.
IVA: Impuesto sobre el Valor Añadido.

L

LCE: (Mercado de Productos de Londres). London Commodity Exchange.
LMV: Ley del Mercado de Valores.

M

MCA: Montantes Compensatorios Agrícolas.
MCCA: Mercado Común Centroamericano.
MCE: Mercado Común Europeo.
MCI: Mecanismo Complementario de Intercambios.
MCM: Montantes Compensatorios Monetarios.
MFE: Movimiento Federalista Europeo.
MIBOR: Madrid Interbanking Offered Rate.

N

NABALALC: Nomenclatura Arancelaria Uniforme de la Asociación Latinoamericana de Libre Comercio.
NACE: Nomenclatura de Actividades Europeas.
NAUCA: Nomenclatura Uniforme Centroamericana.
NEP: Nueva Política Económica.
NIC: Nuevos Instrumentos Comunitarios.
NICE: Nomenclatura Industrial de la CE.
NIF: Número de Identificación Fiscal.
NIMEXE: Nomenclatura de Comercio Exterior.
NOEI: Nuevo Orden Económico Internacional.

O

OACI: Organización de Aviación Civil Internacional.
OCDE: Organización de Cooperación y Desarrollo Económico.
OEA: Organización de Estados Americanos.

OECE: Organización Europea de Cooperación Económica.
OIC: Organización Internacional del Comercio.
OIT: Organización Internacional del Trabajo.
OMM: Organización Metereológica Mundial.
OMPI: Organización Mundial de la Propiedad Intelectual.
OMS: Organización Mundial de la Salud.
OMT: Organización Mundial del Turismo.
ONG: Organizaciones No Gubernamentales.
ONU: Organización de Naciones Unidas.
ONUDI: Organización de las Naciones Unidas para el Desarrollo Industrial.
OPA: Oferta Pública de Adquisición.
OPEP: Organización de los Países Exportadores de Petróleo.
OPV: Oferta Pública de Venta.
OSCE: Oficina Estadística de las CE.

P

PAC: Política Agrícola Común.
PE: Parlamento Europeo.
PFF: Precio Franco Fábrica.
PIB: Producto Interior Bruto.
PIM: Programas Integrados Mediterráneos.
PMA: Programa Mundial de Alimentación.
PNB: Producto Nacional Bruto.
PNN: Producto Neto.
PNUD: Programa de las Naciones Unidas para el Desarrollo.
PNUMA: Programa de las Naciones Unidas para el Medio Ambiente.
PVD: Países en Vías de Desarrollo.
PYME: Pequeña y Mediana Empresa.

R

RAI: Registro de Aceptos Impagados.
RAM: Random Access Memory.
RD: Renta Disponible.
RENFE: Red Nacional de Ferrocarriles Españoles.
RFF: Represión del Fraude Fiscal.
RN: Renta Nacional.

S

SAE: Sociedad Anónima Europea.
SEC: Sistema Europeo de Cuentas.
SEDOC: Sistema Europeo de Documentación.
SFE: Sistema Financiero Español.
SIB: Servicio de Información Bursátil.
SID: Servicio de Información Bursátil.
SIECA: Secretaría de Integración Económica Centroamericana.
SME: Sistema Monteario Europeo.
SMI: Sistema Monetario Internacional.
SMMD: Sociedades Mediadoras en el Mercado del Dinero.
SPG: Sistema de Referencias Generalizadas.

T

TAE: Tasa Anual Equivalente.
TDC: Tarifa Aduanera Común.
TEC: Tarifa Exterior Común.
TIR: Transporte Internacional por Carretera.
TJCE: Tribunal de Justicia de las Comunidades Europeas.

U

UC: Unidad de Cuenta.
UCA: Unidad de Cuenta Agrícola.
UCE: Unidad de Cuenta Europea.
UE: Unión Europea.
UEM: Unión Económica y Monetaria.
UEP: Unión Europea de Pagos.
UIT: Unión Internacional de Telecomunicaciones.
UNCTAD: Conferencia de las Naciones Unidas sobre el Comercio y Desarrollo (United Nations Conference on Trade and Development).
UNESCO: Organización de las Naciones Unidas para la Educación, la Ciencia y la Cultura (United Nations Educational, Scientific and Cultural Organization).
UNICE: Unión de Industrias de la Comunidad Europea.
UNICEF: Fondo de las Naciones Unidas Para la Infancia.
UNITAR: Instituto de Formación e Investigación Profesional de las Naciones Unidas.
UPU: Unión Postal Universal.

V

VQRPD: Vinos de Calidad Provinientes de Regiones Determinadas.

Z

ZID: Zona Industrial en Declive.

IV PREFIJOS

Códigos postales de las capitales de provincia

- Álava ... 010
- Albacete ... 020
- Alicante ... 030
- Almería ... 040
- Asturias ... 330
- Ávila ... 050
- Badajoz ... 060
- Baleares ... 070
- Barcelona ... 080
- Burgos ... 090
- Cáceres ... 100
- Cádiz ... 110
- Cantabria ... 390
- Castellón ... 120
- Ciudad Real ... 130
- Córdoba ... 140
- Coruña, La ... 150
- Cuenca ... 160
- Gerona ... 170
- Granada ... 180
- Guadalajara ... 190
- Guipúzcoa ... 200
- Huelva ... 210
- Huesca ... 220
- Jaén ... 230
- León ... 240
- Lérida ... 250
- Lugo ... 270
- Madrid ... 280
- Málaga ... 290
- Murcia ... 300
- Navarra ... 310
- Orense ... 320
- Palencia ... 340
- Palmas, Las ... 350
- Pontevedra ... 360
- Rioja, La ... 260
- Salamanca ... 370
- Sta. C. de Tenerife ... 380
- Segovia ... 400
- Sevilla ... 410
- Soria ... 420
- Tarragona ... 430
- Teruel ... 440
- Toledo ... 450
- Valencia ... 460
- Valladolid ... 470
- Vizcaya ... 480
- Zamora ... 490
- Zaragoza ... 500

ÍNDICE GENERAL

I. CARACTERÍSTICAS DE LA REDACCIÓN COMERCIAL

II. LA CARTA COMERCIAL

CURSOS ESPECIALIZADOS «SGEL»

TRATO HECHO/ESPAÑOL DE LOS NEGOCIOS
CORRESPONDENCIA COMERCIAL EN ESPAÑOL

EL ESPAÑOL POR PROFESIONES

SERVICIOS TURÍSTICOS
SERVICIOS DE SALUD
SERVICIOS FINANCIEROS: BANCA Y BOLSA
COMERCIO EXTERIOR
SECRETARIADO
LENGUAJE JURÍDICO